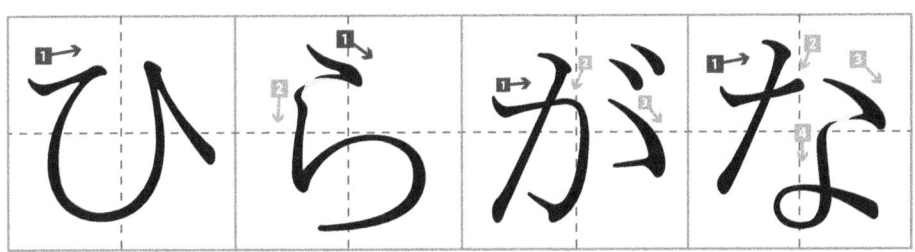

LIBRO DI LAVORO | PER PRINCIPIANTI

© Copyright 2020 George Tanaka
Tutti i Diritti Riservati

POLYSCHOLAR

www.polyscholar.com

Avviso Legale: Questo libro è protetto da copyright. Questo libro è solo per uso personale. Il contenuto di questo libro non può essere riprodotto, duplicato o trasmesso senza il permesso scritto diretto dell'autore o dell'editore. Non è possibile modificare, distribuire, vendere, utilizzare, citare o parafrasare qualsiasi parte del contenuto di questo libro, senza il consenso dell'autore o dell'editore.

© Copyright 2020 George Tanaka
Tutti i Diritti Riservati

Avviso Legale: Questo libro è protetto da copyright. Questo libro è solo per uso personale. Il contenuto di questo libro non può essere riprodotto, duplicato o trasmesso senza il permesso scritto diretto dell'autore o dell'editore. Non è possibile modificare, distribuire, vendere, utilizzare, citare o parafrasare qualsiasi parte del contenuto di questo libro, senza il consenso dell'autore o dell'editore.

CONTENUTI

PARTE 1	Introduzione	4
	Come Usare Questo Libro	4
	Informazioni di Base	5
	Grafici Hiragana e Regole di Base	7
	Suggerimenti Riguardo la Scrittura	11
PARTE 2	Impara a Scrivere in Hiragana	13
PARTE 3	Genkouyoushi	106
PARTE 4	Hiragana Flash Card	122

Suggerimento: *Questo libro funziona meglio con penne gel, matite, biro e supporti simili. Prestare attenzione ai pennarelli e all'inchiostro, poiché i supporti pesanti o bagnati possono provocare sbavature o passare alle pagine seguenti.*

Qui troverai alcune caselle di prova per verificare quanto saranno adatte le tue penne:

Introduzione

IMPARANDO IL GIAPPONESE

Il primo passo per imparare a leggere, scrivere e parlare il Giapponese è il **Hiragana**! Non c'è dubbio che vedere così tanti simboli e forme diverse sarà scoraggiante all'inizio. Questo libro è stato progettato per rendere questo affronto più **facile** e **veloce**.

Inizieremo esaminando alcune informazioni di base per darti un'idea migliore su come funziona l'intero sistema linguistico. Quindi, dopo la nostra breve occhiata ai diversi "alfabeti" *(sì, ce n'è più di uno!)* continueremo direttamente a **imparare il Hiragana!**

COME USARE QUESTO LIBRO

Come con l'apprendimento di qualsiasi altra lingua, la ripetizione è uno dei modi più veloci per imparare. Questo libro di lavoro contiene pagine di istruzioni progettate con cura che ti insegneranno come scrivere ogni carattere, facendoti esercitare nella tua nuova conoscenza della calligrafia Giapponese:

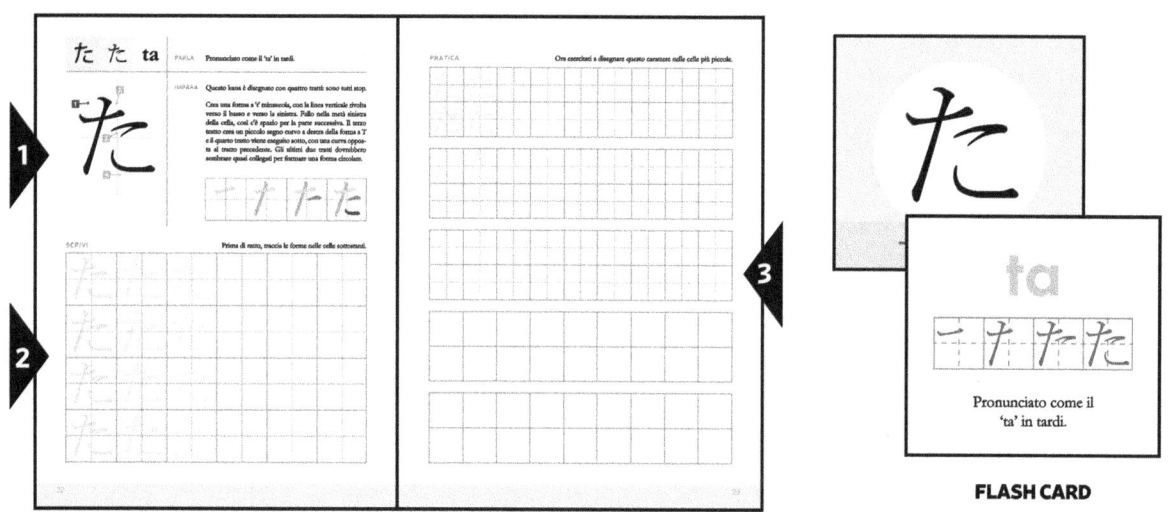

Verso la fine di questo libro di lavoro, troverai sezioni di griglie aggiuntive che puoi usare dopo aver imparato a scrivere un po' *(o anche tutto)* il Kana - queste pagine di griglie vengono tradizionalmente conosciute come Genkouyoushi *(o 原稿用紙 in Giapponese)* che il che significa "carta manoscritta".

La parte finale di questo libro di lavoro contiene una serie di pagine in stile flash card che possono essere fotocopiate o ritagliate. Le pagine sono un ottimo modo per aiutarti a memorizzare i simboli e mettere alla prova le tue conoscenze. *Gli allievi più giovani devono cercare l'aiuto di un adulto per ritagliare le pagine!*

SCRITTURE GIAPPONESI

Informazioni di Base

Durante l'apprendimento, incontrerai quattro tipi di script diversi (o alfabeti). Anche se all'inizio potrebbe sembrare complicato, inizierà ad avere molto più senso in un attimo – specialmente dopo aver imparato già uno!

RŌMAJI ロマンジ

Il quale significa 'caratteri romani', questa, in realtà è solo una rappresentazione della lingua Giapponese utilizzando caratteri Inglesi. Viene utilizzata solo per tradurre la lingua in una forma che i non Giapponesi possano comprendere. Non è comune nell'uso quotidiano.

Gli altri tre script, **Hiragana, Katakana, e Kanji** vengono usati sempre e sono tipicamente combinati per creare parole e frasi nella scrittura quotidiana Giapponese. Ogni script ha il suo scopo e insieme ci dicono il significato delle parole, da dove vengono e come dovrebbero essere dette.

HIRAGANA ひらがな

あいうえおかきくけこ

Questo è il primo script che dovremmo imparare e consiste in semplici caratteri realizzati con forme *arrotondate*. A differenza dell'alfabeto inglese, questo è uno **script fonetico**, e ogni carattere rappresenta un suono di sillaba. Ogni volta che vedrai un carattere specifico, saprai come suona.

KATAKANA カタカナ

アイウエオカキクケコ

Anche questo è un semplice script fonetico. Katakana **rappresenta gli stessi suoni delle sillabe come Hiragana** ma viene usato per parole *prestate* da altri linguaggi, per esempio, per nomi stranieri, tecnologie moderne o cibi. Il loro aspetto è più spigoloso e appuntito.

Informazioni di Base

KANJI 漢字

Il quale significa 'Caratteri Cinesi', **Kanji** contiene caratteri presi in prestito dalla lingua Cinese. A differenza degli altri script che rappresentano i suoni, i simboli in **Kanji** mostrano blocchi di significato, come parole intere o un'idea generale riguardo a qualcosa.

年本月生米前合事社京

Esistono letteralmente migliaia di Kanji e vengono creati nuovi tutto il tempo, quindi sono una vera sfida anche per i linguisti più avanzati. Esiste una logica riguardo al modo in cui sono creati, quindi eventualmente sarà possibile capire o indovinare simboli che non hai visto prima.

SILLABARI KANA

Hiragana e Katakana (spesso conosciuti come Kana) ciascuno ha **46 caratteri di base** che, a differenza dei caratteri inglesi, rappresentano un diverso suono parlato (invece di un carattere). Praticamente, tutti questi suoni vengono basati su soli 5 "suoni vocali" a cui aggiungiamo un suono di consonante davanti per crearne nuovi. *Prometto che sarà più facile di quanto sembra!*

Hiragana	あ	い	う	え	お
Katakana	ア	イ	ウ	エ	オ
Romaji	a	i	u	e	o
	'ah'	'ee'	'oo'	'eh'	'oh'

Praticamente tutti i suoni Giapponesi sono basati su solo 5 "suoni vocalici" che prefissiamo con un suono consonante per formarne di nuovi.

Questo libro ti mostrerà come scrivere l'Hiragana di base, e anche come i suoni extra sono creati combinando i simboli di base. Entro la fine del libro, sarai in grado di scrivere i caratteri che compongono la maggior parte dei suoni necessari per il Giapponese.

Le prossime pagine contengono molte informazioni, ma cerca di non farti travolgere. Oltre ai grafici di tutti i Kana di base che imparerai, analizzeremo alcune delle regole di base per combinare questi simboli, quindi è il momento di mettere il nero sul bianco!

Grafico Hiragana

Questo grafico mostra il **46 Hiragana di base** con un'ortografia in Romaji per un simile suono fonetico. I suoni vocalici sono mostrati in alto e le loro versioni controparti con suoni consonantici sono mostrate sotto di loro. ** notare l'eccezione 'n' - anche la *wo è un kana non comune.

Suoni di vocali

	a	i	u	e	o
	あ a	い i	う u	え e	お o
k	か ka	き ki	く ku	け ke	こ ko
s	さ sa	し shi	す su	せ se	そ so
t	た ta	ち chi	つ tsu	て te	と to
n	な na	に ni	ぬ nu	ね ne	の no
h	は ha	ひ hi	ふ fu	へ he	ほ ho
m	ま ma	み mi	む mu	め me	も mo
y	や ya		ゆ yu		よ yo
r	ら ra	り ri	る ru	れ re	ろ ro
w	わ wa		ん **n		を *wo

Consonanti

DIACRITICI

Oltre *all'Hiragana* di base, esistono **25 simboli Diacritici**. Questi sono per sillabe dal suono simile che sono espresse in modo diverso. Sono essenzialmente gli stessi simboli di base ma con segni extra per mostrare che dovrebbero essere pronunciati con un suono leggermente alterato:

Bas3   con Dakuten   con Handakuten

L'Hiragana di base con questi piccoli tratti *(Dakuten)* oppure un cerchio *(Handakuten)* sopra di loro mostrano che la parte consonante del suono deve essere cambiata quando viene pronunciata:

- il suono-**k** viene pronunciato con un suono-**g**.
- i suoni-**s** cambiano in suoni-**z** *(ad eccezione di* し*)*.
- i suoni-**t** diventano suoni-**d**.
- i suoni-**h** diventano suoni-**b** con *Dakuten*.
  ...oppure suoni-**P** con *Handakuten*

	a	i	u	e	o
k ▶ g	が ga	ぎ gi	ぐ gu	げ ge	ご go
s ▶ z	ざ za	じ ji	ず zu	ぜ ze	ぞ zo
t ▶ d	だ da	ぢ dzi (ji)	づ dzu	で de	ど do
h ▶ b	ば ba	び bi	ぶ bu	べ be	ぼ bo
h ▶ p	ぱ pa	ぴ pi	ぷ pu	ぺ pe	ぽ po

8 Modificatori

DIGRAFI

Modificatori

Questo set di simboli viene chiamato **Digrafi**- usando due caratteri di base che abbiamo già visto, mostrano dove due suoni di sillabe vengono combinati per crearne uno nuovo:

き + や = きゃ
(ki) (ya)   (kya)

Quando si scrivono queste lettere, è fondamentale che il secondo simbolo sia disegnato notevolmente più piccolo del primo. In modo da capire che i due suoni dovrebbero essere combinati.

La pronuncia di questi cosiddetti suoni *composti* Hiragana è abbastanza semplice - per esempio, き *(ki)* + や *(ya)* diventa きゃ *(kya)* e viene pronunciato come 'kiya' *senza il suono della 'i'*.

Non lasciarti spaventare dal grafico: tutti i Digrafi sono realizzati esclusivamente con lettere della colonna い/i *(escludendola)* e vengono modificati solo dalle lettere della riga Y!

きゃ kya	きゅ kyu	きょ kyo	ぎゃ gya	ぎゅ gyu	ぎょ gyo
しゃ sha	しゅ shu	しょ sho	じゃ ja	じゅ ju	じょ jo
ちゃ cha	ちゅ chu	ちょ cho	にゃ nya	にゅ nyu	にょ nyo
ひゃ hya	ひゅ hyu	ひょ hyo	びゃ bya	びゅ byu	びょ byo
ぴゃ pya	ぴゅ pyu	ぴょ pyo	りゃ rya	りゅ ryu	りょ ryo
みゃ mya	みゅ myu	みょ myo			

Modificatori

DOPPIE CONSONANTI

Dobbiamo anche essere consapevoli che alcune parole giapponesi contengono un suono di consonanti doppie. Quando scriviamo queste parole, aggiungiamo un simbolo in più a forma di つ/tsu (chiamato sokuon) per dimostrare che deve essere pronunciato in modo diverso. Vediamo un esempio:

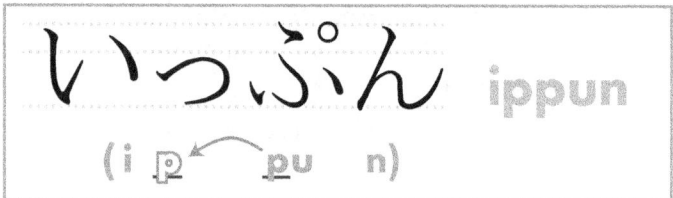

Senza il *(tsu)*, la parola いぷん *(ipun)* non ha alcun significato, ma いっぷん *(ippun)*, con il *sokuon*, significa (un) minuto.

Notare che il piccolo simbolo つ viene messo **prima** del carattere da cui prende il suono della consonante extra. Quando vedi le parole con questo modificatore, la parte consonante del simbolo che lo segue *(in questo esempio la 'p' di 'pu')* viene aggiunta alla fine del suono.

Entrambe le consonanti devono essere ascoltate separatamente quando la parola viene pronunciata, come dire: **'ip-pun'** ma senza creare un vuoto che può essere ascoltato.

SUONI VOCALICI ALLUNGATI

Come con le doppie consonanti, dobbiamo essere consapevoli anche dei suoni vocalici allungati *(ad esempio. aa, ii. oo, ee, e uu)*. Quando parliamo, estendiamo semplicemente la durata del suono (di solito il doppio) ma quando scriviamo queste parole, il suono vocale allungato viene mostrato con un carattere aggiuntivo *(chiamato chouon)*. Il carattere utilizzato varia a seconda della vocale:

Vocale	Estensore
a	あ
i / e	い
u / o	う

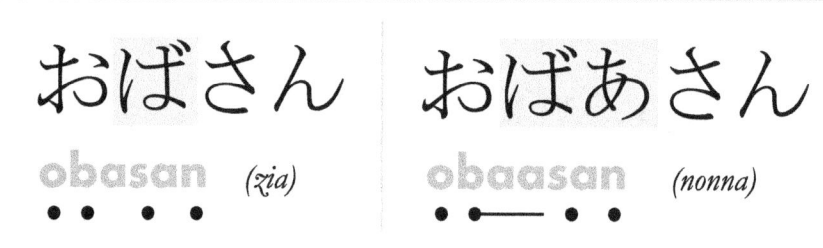

Ecco un esempio per mostrare come il significato della parola viene cambiato aggiungendo (o mancando) il suono della vocale più lunga!

La lingua Giapponese è piena di eccezioni, ma tendono ad essere apprese con l'esperienza. Per ora è solo utile essere consapevoli delle doppie consonanti e vocali, così puoi capire quando ne vedi una!

DIREZIONE DELLA SCRITTURA

I testi giapponesi sono spesso visti disposti in colonne verticali che vengono scritte e lette dall'alto verso il basso una colonna alla volta, a partire dal lato destro della pagina. Dopo la fine della Seconda Guerra Mondiale, è più familiare l'uso dell'orientamento orizzontale – la lettura dalla sinistra alla destra, come nella lingua inglese. Questo vale per tutti i diversi script.

Il testo in questi esempi è identico, ad eccezione della direzione della lettura e scrittura:

Tategaki
縦書き
('scrittura orizzontale')

私は犬を飼っています。
彼女は行儀が良い。
彼らは寝るのが好きです。
多くの場合、一日中。
多分彼女は怠け者です。

Yokogaki
横書き
('scrittura verticale')

私は犬を飼っています。
彼女は行儀が良い。
彼らは寝るのが好きです。
多くの場合、一日中。
多分彼女は怠け者です。

Entrambi questi stili sono accettati e vengono spesso scelti in base al layout e al design del documento. In generale, i layout verticali vengono utilizzati per i testi tradizionali, mentre il testo orizzontale si trova nella scrittura più moderna o nei documenti ufficiali. Una cosa da ricordare è che i libri con il stile di scrittura tategaki *(verticale)* sono rilegati in modo opposto ai libri in Inglese, quindi inizi effettivamente a leggerli dalla copertina posteriore!

PRONUNCIA

Imparare a pronunciare bene il Giapponese inizia quando impari gli script Kana, poiché coprono la maggior parte dei suoni di cui abbiamo bisogno per l'intera lingua. È importante esercitarsi in questa fase iniziale se si desidera sviluppare un accento dal suono naturale e nativo.

Appunto:
Questo libro di lavoro include un'introduzione molto semplice alla pronuncia Giapponese, poiché viene insegnata in modo più efficace con audio. Ciascuna delle pagine di esercitazione utilizza una parola o una sillaba dal suono simile dall'Italiano per descrivere i suoni - è buona pratica ripeterle ad alta voce mentre avanzi con il libro.

TRATTI & LINEE

Gli script giapponesi sono stati originariamente scritti con un pennello e hanno un aspetto dipinto come l'inchiostro. Ora vengono usate le penne moderne ma è importante che impariamo a scrivere con i movimenti e i tratti tradizionali. Convenientemente, il carattere Hiragana け *(o 'ke')* contiene ciascuno dei tre tipi di tratto che userete - per aiutare a descrivere come scrivere i caratteri nel prossimo capitolo, abbiamo dato loro nomi che riflettono come sono fatti e come appaiono:

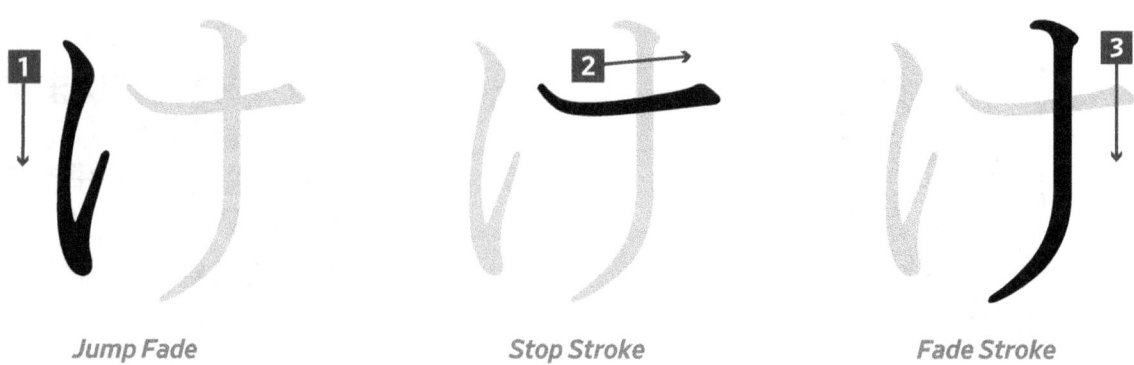

Jump Fade   *Stop Stroke*   *Fade Stroke*

Il **'jump fade'** è fatto con un rapido movimento della penna dal foglio alla fine di quel tratto. Il **'stop stroke'** è esattamente come suona, la linea viene fermata definitivamente prima di sollevare la penna. Una **'fade stroke'** si ottiene sollevando più delicatamente la penna dalla carta mentre la mano è in movimento. Puoi immaginare come la linea potrebbe diventare più sottile e sbiadire sollevando gradualmente la punta spessa e bagnata della penna dalla pagina.

STILI DI SCRITTURA

Questo libro vi insegnerà a scrivere in Hiragana con i movimenti standard basati su apparenze spazzolate, ma incontrerete altri stili di caratteri:

Questi caratteri hanno tutti lo stesso significato ma hanno un aspetto leggermente diverso perché sono fatti a mano, con penne o matite, o visualizzati come un moderno carattere digitale su uno schermo (o in stampa). Anche se l'aspetto cambia leggermente, il significato rimane.

Parte 2
IMPARA A SCRIVERE L'HIRAGANA

あ あ a

PARLA — Pronunciata come la 'a' in aprirsi.

IMPARA — Questo kana è disegnato con tre tratti; stop, stop, fade.

Il primo tratto è una linea orizzontale leggermente angolata. Il secondo taglia il primo a metà verticalmente, curvando verso il basso e poi verso l'esterno in giú. Il terzo tratto inizia dal centro, curvando verso il basso e verso la sinistra, prima di risalire e tornare a destra. Si attraversa il punto di partenza e poi si torna indietro. Prova a far scorrere la penna alla fine di questo terzo tratto.

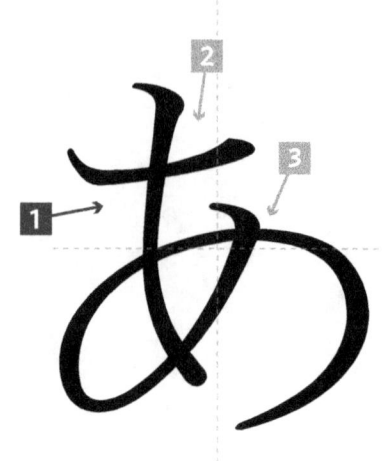

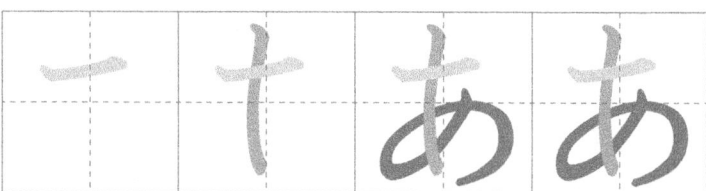

SCRIVI — Prima di tutto, traccia le forme nelle celle sottostanti.

PRATICA Ora esercitati a disegnare questo carattere nelle celle più piccole.

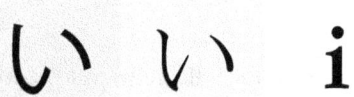

PARLA — Pronunciato come la 'i' in piccolo.

IMPARA — Questo kana è disegnato con due tratti; jump fade, stop.

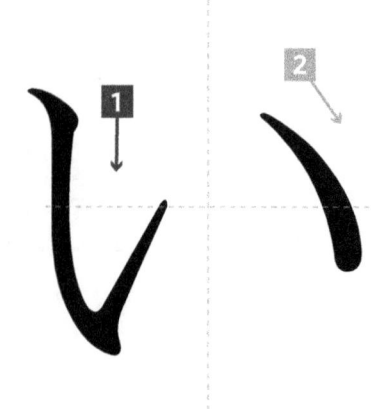

Il primo tratto è una linea diagonale curvata che gira bruscamente verso l'alto nella parte inferiore, terminando con un movimento della penna. Questo tipo di rilascio con una svolta brusca è chiamato *hane*. Quando si scrive una hane, è come se questo tratto si collegasse a quello successivo. Il secondo tratto inizia quasi dove si ferma il primo: traccia una linea curva opposta dal primo tratto, più corto del primo, senza la hane.

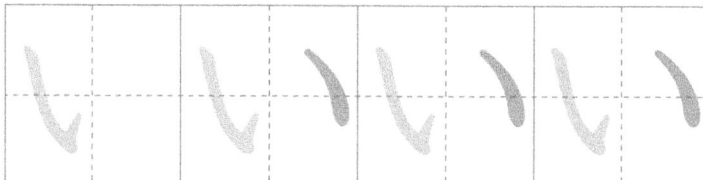

SCRIVI — Prima di tutto, traccia le forme nelle celle sottostanti.

PRATICA   Ora esercitati a disegnare questo carattere nelle celle più piccole.

う う **u**

PARLA | Pronunciato come la 'u' in uno.

IMPARA | Questo kana è disegnato con due tratti; jump fade, stop.

Disegna la linea corta e obliqua in alto al centro e fai scorrere la penna avanti e indietro verso la sinistra. Fai attenzione al secondo tratto mentre fai scorrere la penna: inizia quasi dove è terminato il primo, nella stessa direzione. La forma dell'orecchio si curva verso l'alto a destra e poi verso il basso al centro. Scorri la penna mentre completi anche questo tratto. Il primo tratto non deve essere troppo grande o sembrerà sbilanciato.

SCRIVI

Prima di tutto, traccia le forme nelle celle sottostanti.

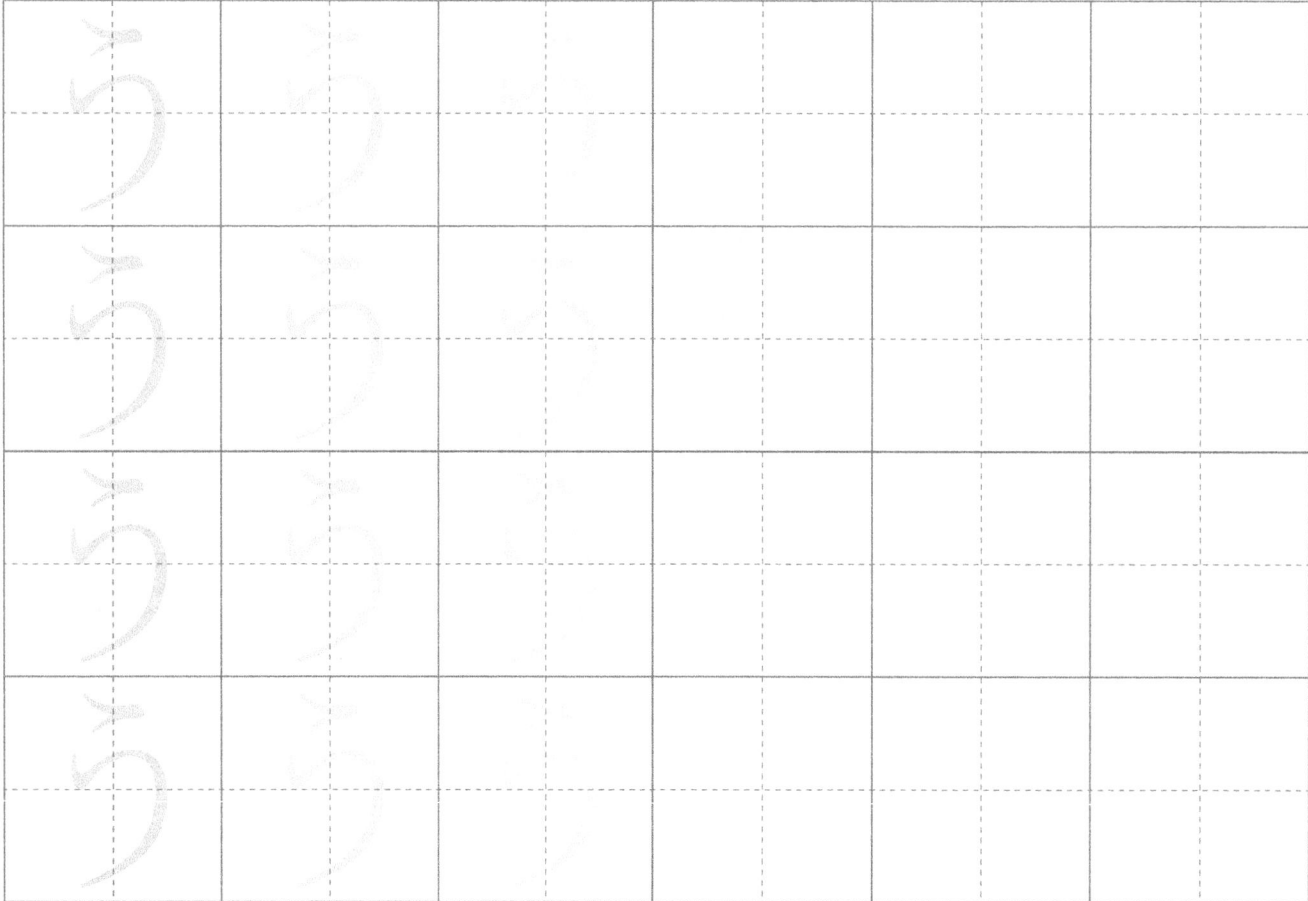

PRATICA   Ora esercitati a disegnare questo carattere nelle celle più piccole.

え え **e**

PARLA — Pronunciato come il 'e' in evento.

IMPARA — Questo kana è disegnato con due tratti; jump fade, stop.

Iniziamo come con il hiragana precedente う, con una linea corta e obliqua in alto al centro. Per il secondo tratto, immagina di scrivere il numero 7 e poi di tracciare un po', prima di disegnare una piccola onda. Estendi questo tratto ma non spostare la penna fuori dalla pagina.

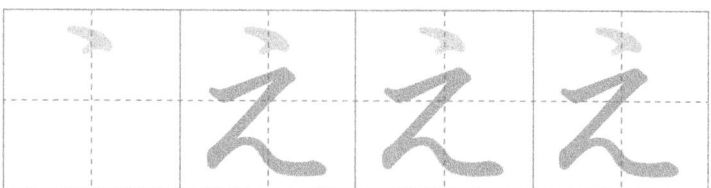

SCRIVI — Prima di tutto, traccia le forme nelle celle sottostanti.

PRATICA   Ora esercitati a disegnare questo carattere nelle celle più piccole.

お　お　o

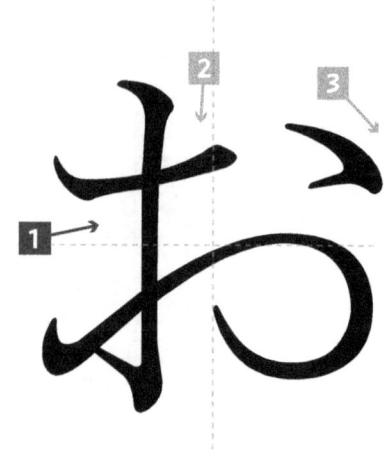

PARLA　Pronunciato come la 'o' in occhio.

IMPARA　Questo kana è disegnato con tre tratti; stop, fade, stop.

Inizia con una breve linea orizzontale, come con あ, ma un po' più in basso e verso la sinistra. Il secondo tratto taglia il primo a metà con una linea verticale, girando la penna bruscamente verso sinistra e in basso. Poi girala di nuovo per creare una grande curva prima di togliere la penna. Il terzo piccolo tratto posizionato in alto a destra del primo tratto.

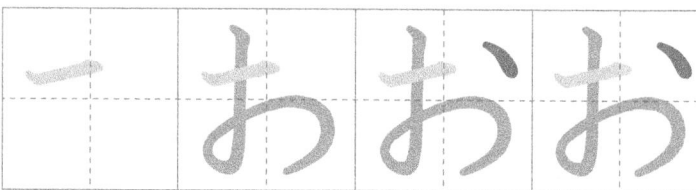

SCRIVI　　　　　　　　　　　　Prima di tutto, traccia le forme nelle celle sottostanti.

PRATICA   Ora esercitati a disegnare questo carattere nelle celle più piccole.

23

か か **ka**

PARLA　Pronunciato come la 'ca' in cantare.

IMPARA　Questo kana è disegnato con tre tratti; jump, stop, stop.

Inizia con una linea orizzontale prima di girarla verticalmente verso il basso e piegarla all'indietro a sinistra - termina con una hane. Il secondo tratto interseca il primo, dal centro in alto a quello in basso a sinistra. Il tratto finale è una curva inclinata a destra. È importante che questo tratto sia più lungo dei piccoli tratti nel kana precedente, per garantire che non venga letto come un modificatore.

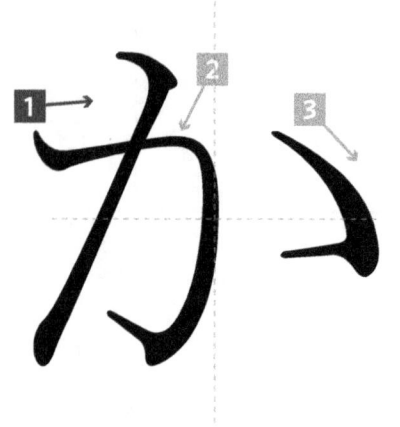

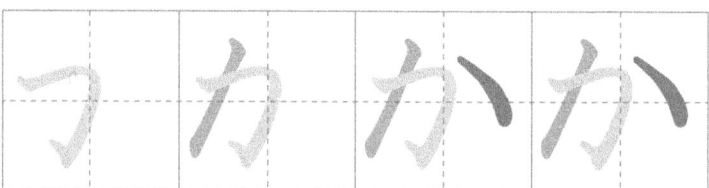

SCRIVI　　　　　　　　　　　Prima di tutto, traccia le forme nelle celle sottostanti.

PRATICA   Ora esercitati a disegnare questo carattere nelle celle più piccole.

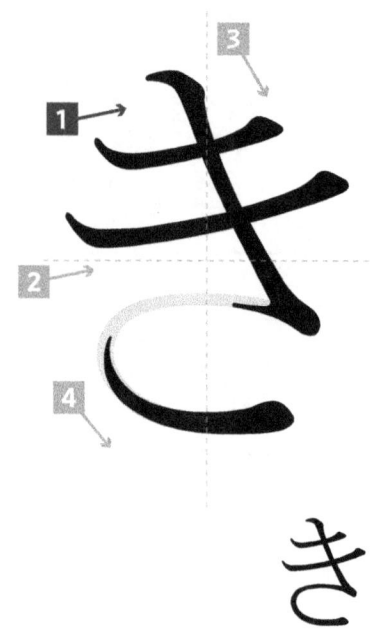

PARLA	Pronunciato come il 'chi' in chiamare.
IMPARA	Disegnato con quattro tratti; stop, stop, jump fade, stop.

I tuoi primi due tratti sono linee parallele, da sinistra a destra e leggermente angolate. Il terzo tratto taglia i primi due e termina con una hane. Disegna la tua hane muovendoti verso l'alto, iniziando il quarto segno. Disegna l'ultimo segno di arresto curvo intorno a destra. Spesso vedi questi segni collegati in alcuni caratteri, come mostrato nella piccola immagine a sinistra, ma questo è il modo corretto per disegnare questo carattere.

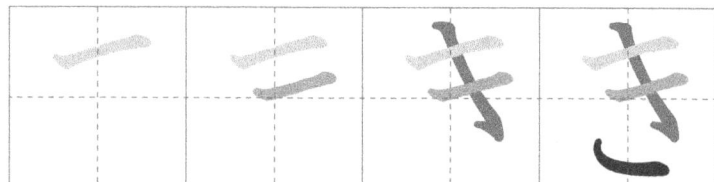

SCRIVI

Prima di tutto, traccia le forme nelle celle sottostanti.

PRATICA   Ora esercitati a disegnare questo carattere nelle celle più piccole.

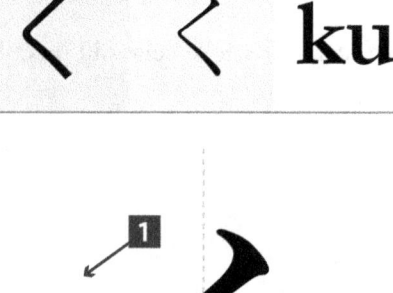 **ku**

PARLA — Pronunciato come il 'cu' in cucina.

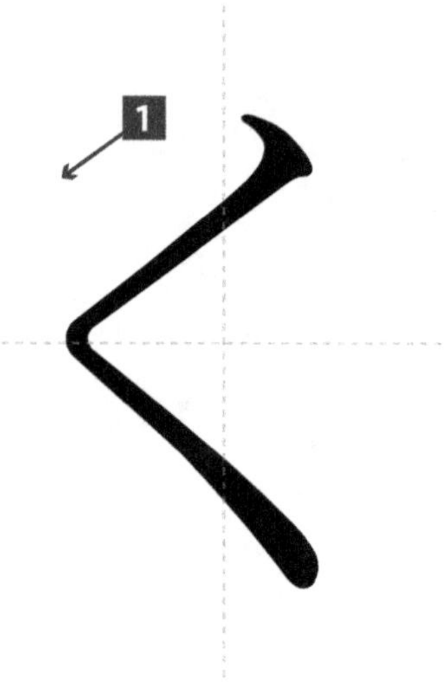

IMPARA — Questo kana è disegnato con un solo tratto: un stop.

Questo carattere a tratto singolo è disegnato in modo molto simile a una parentesi angolare di apertura, ma con una leggera piegatura verso l'interno. Cerca di assicurarti che il punto iniziale e quello finale siano allineati verticalmente, per creare un carattere ben bilanciato.

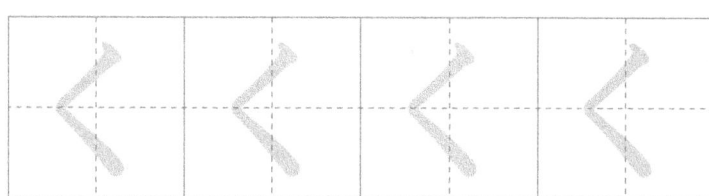

SCRIVI — Prima di tutto, traccia le forme nelle celle sottostanti.

PRATICA   Ora esercitati a disegnare questo carattere nelle celle più piccole.

け　け **ke**

PARLA　Pronunciato come la 'che' in chela.

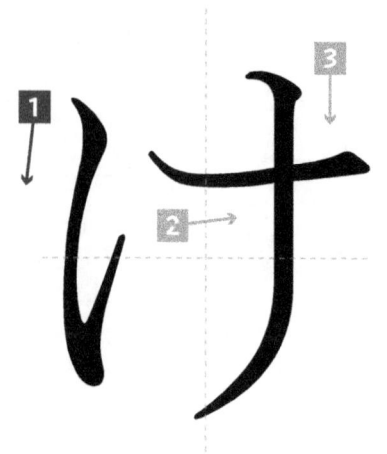

IMPARA　Questo kana ha tre tratti: un jump fade, uno stop, e un fade.

Disegna il primo tratto verso il basso con una piccola curva verso l'esterno e termina con una hane. Il secondo segno è una continuazione dell'hane, con una breve linea da sinistra a destra. Il tuo ultimo tratto è un'altra linea verticale verso il basso, con una curva a sinistra. Inizia un po' più in alto di prima e finisce più in basso. Termina questo tratto con un movimento della penna.

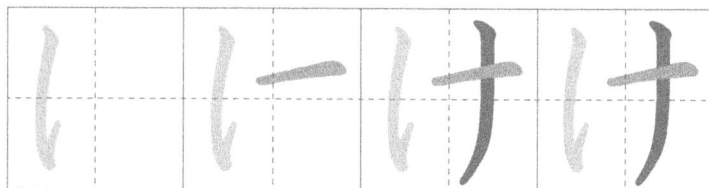

SCRIVI　Prima di tutto, traccia le forme nelle celle sottostanti.

PRATICA   Ora esercitati a disegnare questo carattere nelle celle più piccole.

こ こ **ko**

PARLA — Pronunciato come il 'co' in cometa.

IMPARA — Questo kana è disegnato con due tratti: un jump e un stop.

Disegna questo kana con due tratti che si curvano verso l'interno quasi collegandosi per formare un grande anello. Il primo segno è una linea orizzontale curva che termina con una hane. Il tuo secondo tratto inizia più in basso e verso la sinistra. I tratti dovrebbero sembrare quasi collegati per creare una forma circolare chiusa.

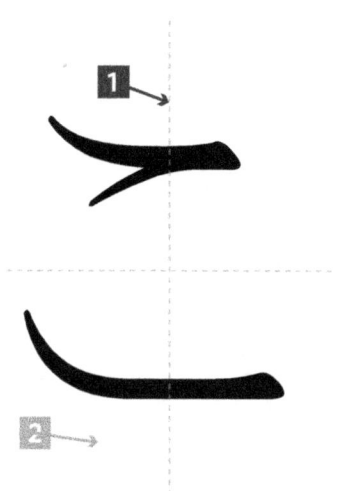

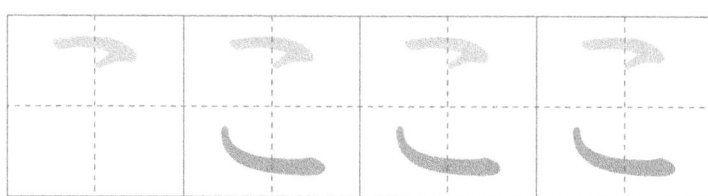

SCRIVI — Prima di tutto, traccia le forme nelle celle sottostanti.

PRATICA Ora esercitati a disegnare questo carattere nelle celle più piccole.

さ さ **sa**

PARLA — Pronunciato come il 'sa' in sardine.

IMPARA — Questo kana è disegnato con tre tratti: stop, jump, stop

Scritto in modo simile a き ma senza il primo breve tratto. Inizia con la linea orizzontale angolata da sinistra a destra. Il tuo secondo tratto attraversa questo segno e termina con una hane. Il terzo segno viene tracciato appoggiando la penna leggermente dopo la hane e curvandola all'indietro. Questo kana viene spesso visualizzato come connesso, ma il metodo corretto è di sollevare la penna.

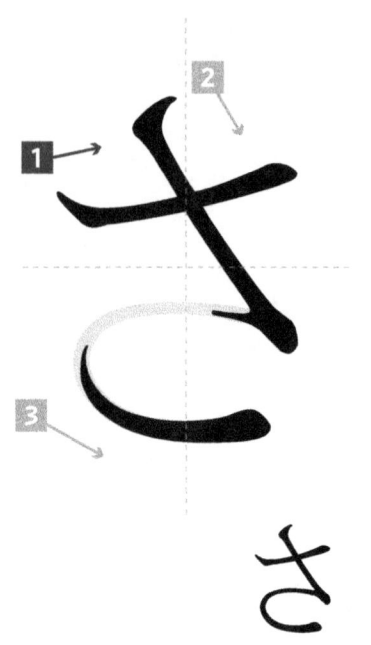

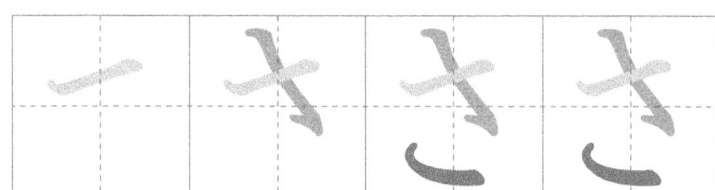

SCRIVI — Prima di tutto, traccia le forme nelle celle sottostanti.

PRATICA   Ora esercitati a disegnare questo carattere nelle celle più piccole.

し し **shi**

PARLA   Pronunciato come il 'sci' in sciro.

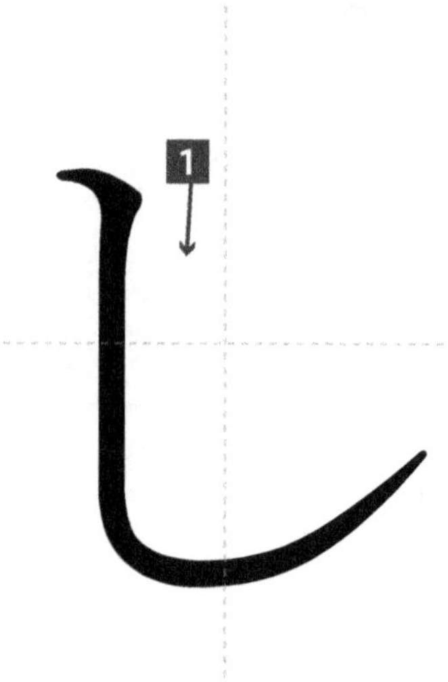

IMPARA   Disegna questo kana con un singolo tratto, una fade spazzolata.

Questo kana è scritto con un solo tratto. Inizia come una linea verticale dall'alto verso il basso prima di curvarla verso la destra e verso l'alto. Scorri la penna dalla pagina alla fine.

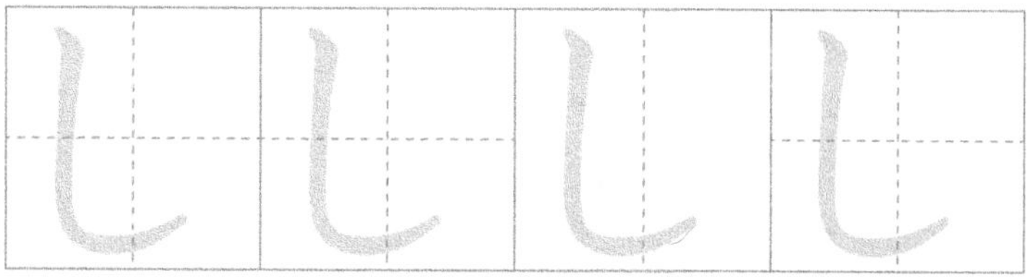

SCRIVI   Prima di tutto, traccia le forme nelle celle sottostanti.

PRATICA   Ora esercitati a disegnare questo carattere nelle celle più piccole.

す　す　su

PARLA. Pronunciato come il 'su' in supermercato.

IMPARA. Questo ha due tratti: un stop, e un looping fade.

Inizia con una lunga linea tracciata da sinistra a destra. Il tuo secondo segno inizia in alto e viene tracciato verso il basso attraverso il primo. Poi crea un loop subito dopo l'intersezione. Completa il tratto curvando verso il basso a sinistra e sfiora la penna dal foglio all'estremità per sfumare il tratto. Prova a tagliare il primo tratto leggermente fuori centro, a destra. Questo creerà più spazio per il tuo loop.

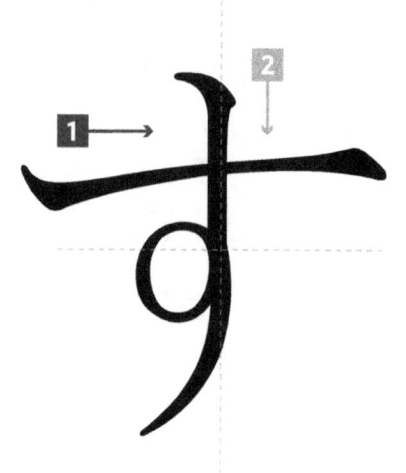

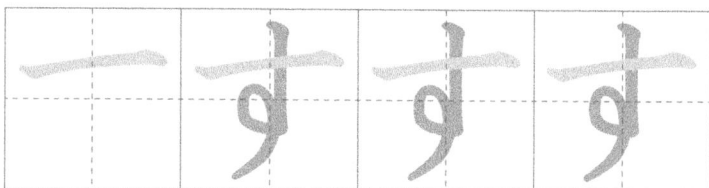

SCRIVI. Prima di tutto, traccia le forme nelle celle sottostanti.

PRATICA Ora esercitati a disegnare questo carattere nelle celle più piccole.

せ せ **se**

PARLA   Pronunciato come il 'se' in segale.

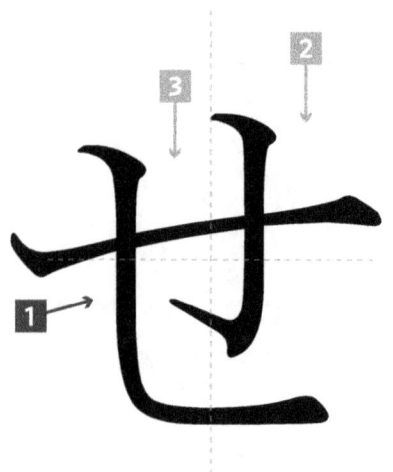

IMPARA   Questo kana è disegnato con tre tratti; stop, jump, stop

Inizia questo carattere con una lunga linea orizzontale, da sinistra a destra. Il secondo tratto è una linea verticale più corta sul lato destro e termina con una hane verso l'alto e verso la sinistra. Solleva la penna ma mantieni lo slancio nella stessa direzione in cui hai iniziato il terzo tratto. Disegna una linea verticale verso il basso e piegala verso la destra. Non sfiorare la penna. I primi due segni dovrebbero tagliare il primo segno con spazi pari.

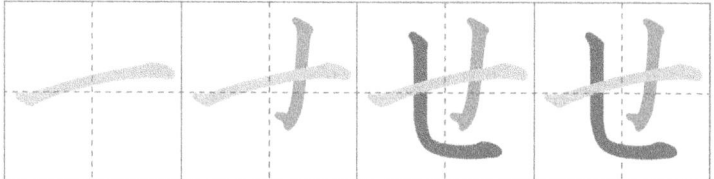

SCRIVI   Prima di tutto, traccia le forme nelle celle sottostanti.

PRATICA   Ora esercitati a disegnare questo carattere nelle celle più piccole.

そ そ **SO**

PARLA — Pronunciato come la 'so' in dorso.

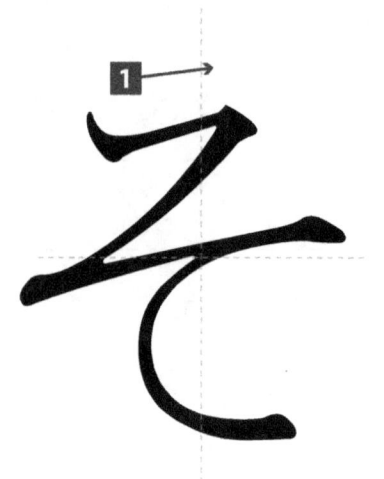

IMPARA — Questo kana è creato con un singolo tratto a zig zag; stop.

Inizia creando la forma a "Z" nella metà superiore, prima di aggiungere la forma a "C" di seguito: non sollevare la penna dalla pagina. La forma a "C" deve terminare senza alcun movimento verso l'alto. Assicurati che la tua linea orizzontale centrale sia più lunga di quella superiore. Anche se non comune, potresti vedere questo carattere visualizzato come due tratti in alcuni caratteri.

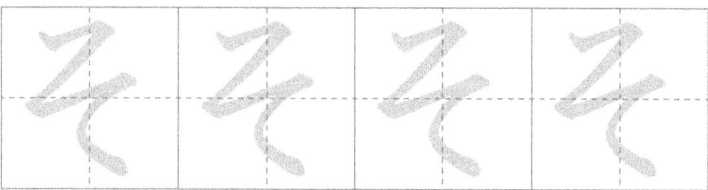

SCRIVI — Prima di tutto, traccia le forme nelle celle sottostanti.

PRATICA Ora esercitati a disegnare questo carattere nelle celle più piccole.

た た **ta**

PARLA — Pronunciato come il 'ta' in tardi.

IMPARA — Questo kana è disegnato con quattro tratti: sono tutti stop.

Crea una forma a 't' minuscola, con la linea verticale rivolta verso il basso e verso la sinistra. Fallo nella metà sinistra della cella, così c'è spazio per la parte successiva. Il terzo tratto crea un piccolo segno curvo a destra della forma a T e il quarto tratto viene eseguito sotto, con una curva opposta al tratto precedente. Gli ultimi due tratti dovrebbero sembrare quasi collegati per formare una forma circolare.

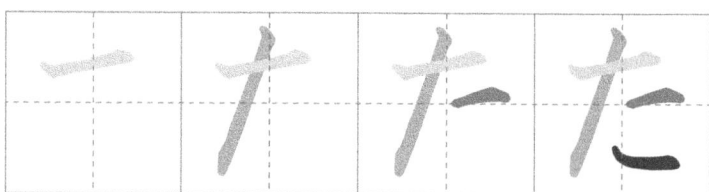

SCRIVI — Prima di tutto, traccia le forme nelle celle sottostanti.

PRATICA　　　　　　　　　　　　Ora esercitati a disegnare questo carattere nelle celle più piccole.

ち ち chi

PARLA Pronunciato come il 'ci' in vicino.

IMPARA Questo kana è disegnato con due tratti; stop, fade.

Scriviamo questo carattere come un'immagine speculare a forma di さ, ma non è necessario sollevare la penna. Disegna il tuo primo segno da sinistra a destra, con una leggera angolazione. Il tuo secondo tratto è una linea leggermente diagonale verso il basso e verso sinistra, che si interseca con il primo. Quando ti avvicini al fondo, si curva all'indietro e intorno a destra, formando una forma circolare e terminando con un tocco dalla pagina.

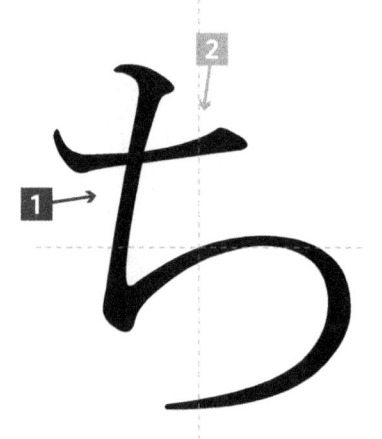

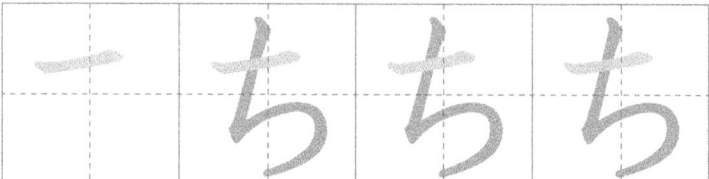

SCRIVI Prima di tutto, traccia le forme nelle celle sottostanti.

PRATICA   Ora esercitati a disegnare questo carattere nelle celle più piccole.

つ tsu

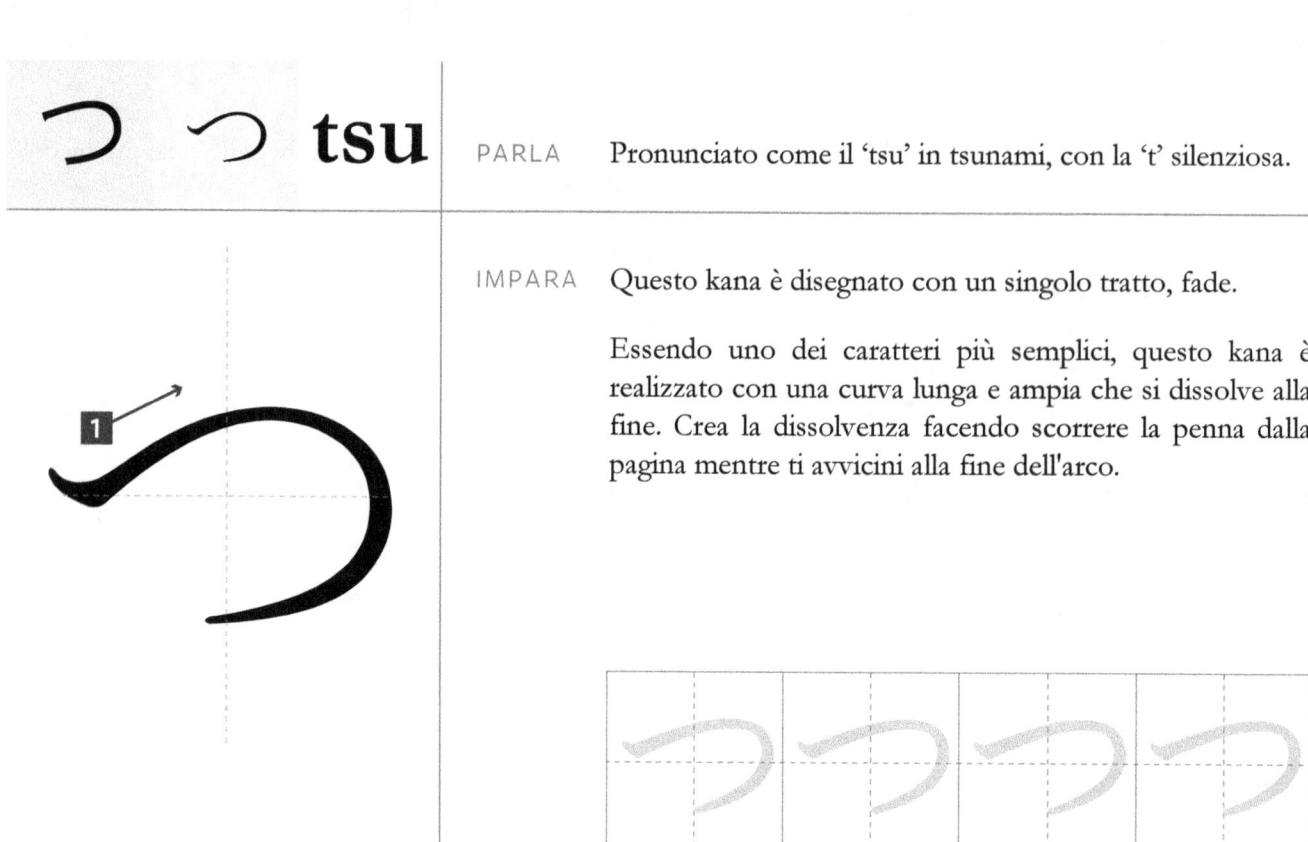

PARLA — Pronunciato come il 'tsu' in tsunami, con la 't' silenziosa.

IMPARA — Questo kana è disegnato con un singolo tratto, fade.

Essendo uno dei caratteri più semplici, questo kana è realizzato con una curva lunga e ampia che si dissolve alla fine. Crea la dissolvenza facendo scorrere la penna dalla pagina mentre ti avvicini alla fine dell'arco.

SCRIVI — Prima di tutto, traccia le forme nelle celle sottostanti.

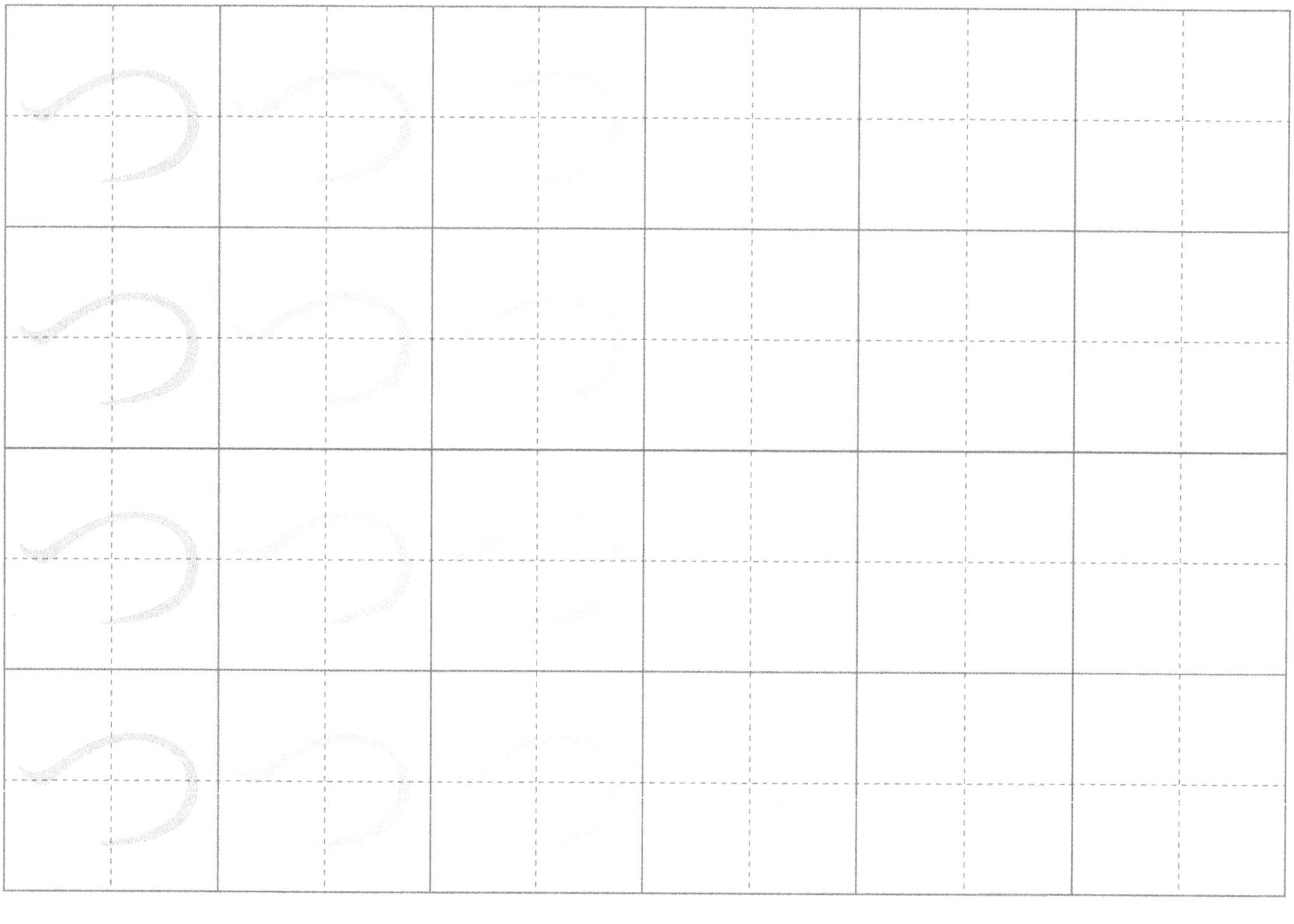

PRATICA   Ora esercitati a disegnare questo carattere nelle celle più piccole.

て　て　**te**

PARLA　Pronunciato come il 'te' in tempo.

IMPARA　Questo kana è disegnato con un tratto: a stop.

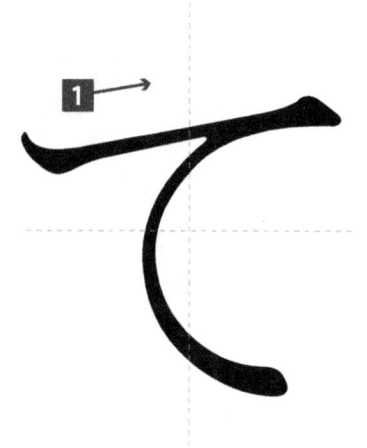

Con un solo tratto, muovi la penna da sinistra a destra con una leggera angolazione verso l'alto, prima di tornare indietro a sinistra e in basso. Tieni la penna sulla carta mentre crei un'ampia curva a forma di "C". Poiché si tratta di un punto di arresto, non sfiorare la penna dalla pagina.

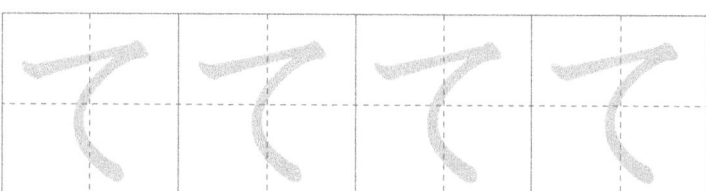

SCRIVI　　　　　　　　　　Prima di tutto, traccia le forme nelle celle sottostanti.

PRATICA   Ora esercitati a disegnare questo carattere nelle celle più piccole.

と　と　**to**

PARLA　Pronunciato come il 'to' in alto.

IMPARA　Questo kana è creato con due tratti; stop, stop.

Il primo segno è una piccola linea leggermente inclinata, disegnata al centro della cella. Il tuo secondo tratto è una grande linea curva che incontra la fine del primo nel mezzo. Quindi si piega a sinistra e intorno verso la parte inferiore destra della cella. Il punto iniziale e quello finale del secondo tratto dovrebbero essere allineati verticalmente. Il tuo secondo tratto on deve attraversare il primo ma passare attraverso la fine.

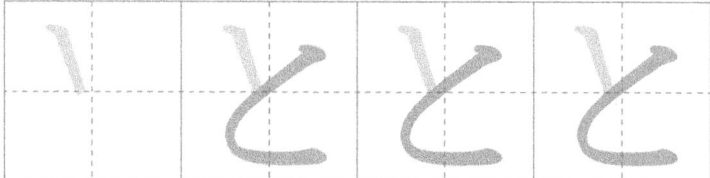

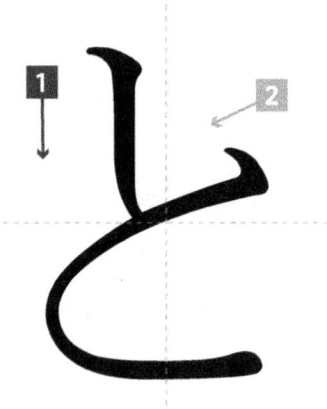

SCRIVI　　　　　　　　　　　Prima di tutto, traccia le forme nelle celle sottostanti.

PRATICA Ora esercitati a disegnare questo carattere nelle celle più piccole.

な な **na** | PARLA | Pronunciato come il 'na' in sonata.

| IMPARA | Questo kana ha quattro tratti; stop, stop, jump fade, e stop.

Inizia con una linea orizzontale corta e angolata a sinistra. Il tuo secondo segno è un tratto diagonale più lungo che attraversa il primo, in basso e a sinistra - non farlo troppo lungo. Il terzo tratto viene eseguito come una linea curva sul lato destro, che termina con una hane. Proprio mentre sollevi la penna, inizia immediatamente il quarto tratto verso il basso prima di avvolgerlo. Termina questo ciclo con una fermata sotto il terzo tratto.

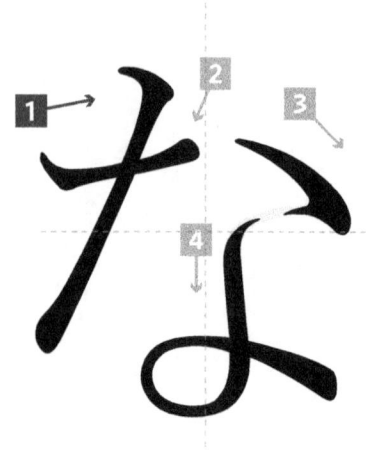

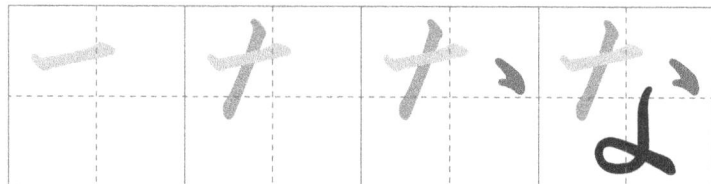

SCRIVI   Prima di tutto, traccia le forme nelle celle sottostanti.

PRATICA Ora esercitati a disegnare questo carattere nelle celle più piccole.

に に **ni**

PARLA Pronunciato come il 'ni' in nicchia.

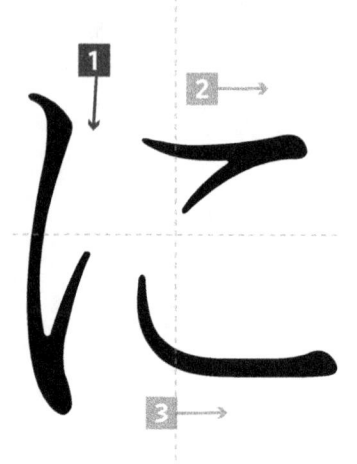

IMPARA Questo kana ha tre tratti: un jump fade, e due stop.

Proprio come i caratteri precedenti, inizia con una linea verticale in basso sul lato sinistro e termina con una hane verso l'alto a destra. Il tuo secondo segno è quasi una continuazione della hane ed è una piccola linea orizzontale curva. L'ultimo segno è fatto come una curva nella direzione opposta, quasi formando un cerchio. Non spostare la penna dall'estremità qui, poiché è un segno di stop.

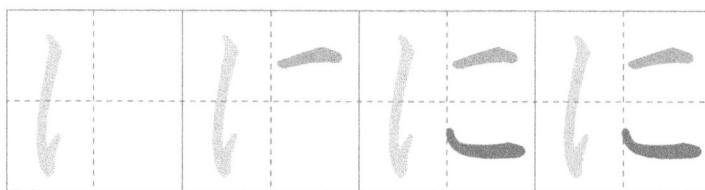

SCRIVI Prima di tutto, traccia le forme nelle celle sottostanti.

PRATICA Ora esercitati a disegnare questo carattere nelle celle più piccole.

ぬ ぬ **nu**

PARLA — Pronunciato come il 'nu' in nuziale.

IMPARA — Disegnato con due tratti; un stop e un stop lungo in loop.

Inizia disegnando una linea leggermente curva in un angolo. Il tuo secondo segno inizia a un tipo di altezza simile, ma curvato all'indietro verso il primo. Quindi torna indietro e torna a destra. Quando la penna si avvicina alla parte inferiore destra della cella, torna indietro e verso destra. Fai attenzione ad abbinare gli spazi tra le righe nell'esempio in modo che il tuo carattere sia ben bilanciato.

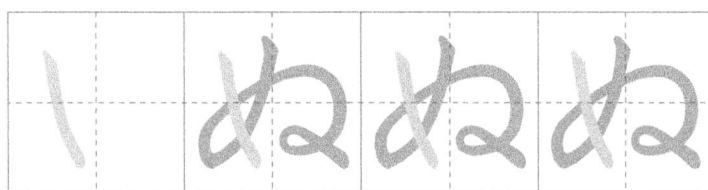

SCRIVI — Prima di tutto, traccia le forme nelle celle sottostanti.

PRATICA   Ora esercitati a disegnare questo carattere nelle celle più piccole.

ね ね **ne**

PARLA　Pronunciato come il 'ne' in nestare.

IMPARA　Questo kana viene disegnato con due tratti; stop, long stop.

Disegna la linea verticale dall'alto verso il basso. Inizia il tuo secondo tratto con una breve linea orizzontale che passa sopra il primo, prima di spostare la penna verso il basso sul lato sinistro. Senza prendere la penna dalla pagina, il secondo tratto torna verso l'alto e continua a creare un grande arco. Mentre ti avvicini in basso a destra, fai un piccolo ritorno all'indietro a destra per completare il carattere.

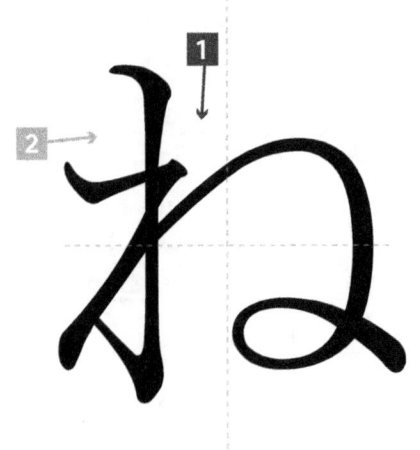

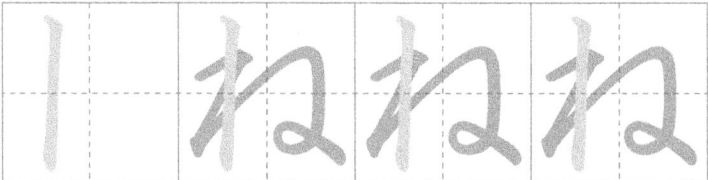

SCRIVI　　　　　　　　　　　Prima di tutto, traccia le forme nelle celle sottostanti.

PRATICA   Ora esercitati a disegnare questo carattere nelle celle più piccole.

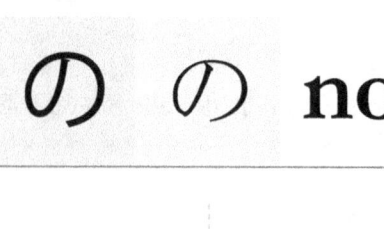 **no**

PARLA — Pronunciato come il 'no' in notare.

IMPARA — Questo kana si scrive con un tratto: un long fade.

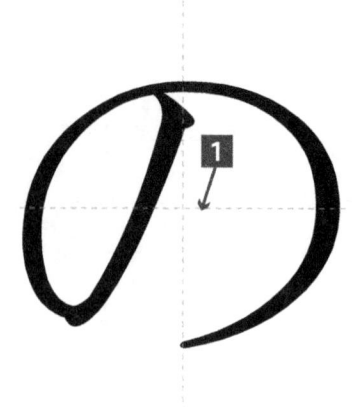

Iniziando dalla parte centrale in alto della cella, ovi la penna verso il basso e in diagonale verso sinistra. Dalla parte inferiore di questa linea, sposta la penna verso l'alto e verso destra con un ampio movimento circolare, passando per il punto da cui sei partito. Quando si passa attraverso il punto di partenza, assicurarti di non disegnare la curva troppo in basso e lasciare che la linea verticale sporga sopra. Porta l'arco intorno e muovi la penna.

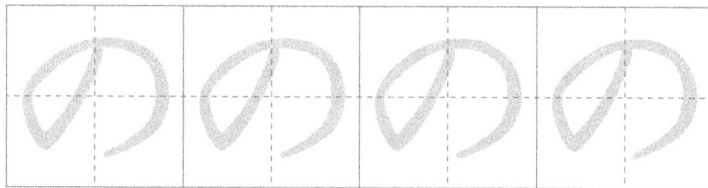

SCRIVI — Prima di tutto, traccia le forme nelle celle sottostanti.

PRATICA   Ora esercitati a disegnare questo carattere nelle celle più piccole.

は は **ha**

PARLA | Pronunciato come la 'ha' mentre ridi, come ha-ha.

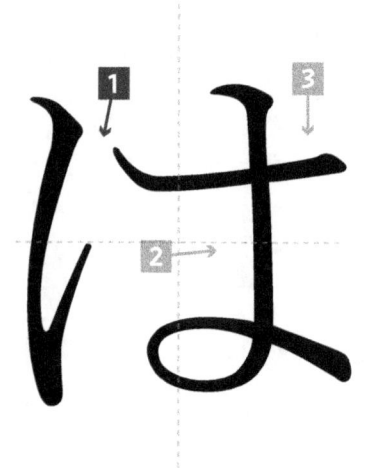

IMPARA | Disegna questo kana con tre tratti; jump, stop, loop stop.

I tuoi primi due tratti saranno simili a hiragana け, con un tratto verticale curvo che termina con una hane. Il secondo tratto è una linea orizzontale più corta a destra. Il tuo terzo tratto passerà attraverso il secondo, disegnato verticalmente verso il basso e terminerà con un piccolo anello su se stesso a destra.

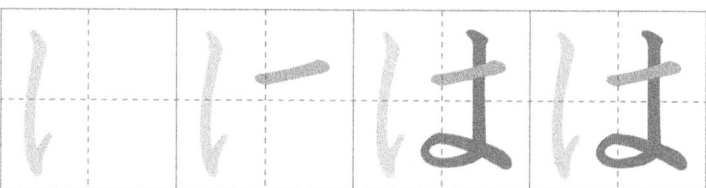

SCRIVI | Prima di tutto, traccia le forme nelle celle sottostanti.

PRATICA   Ora esercitati a disegnare questo carattere nelle celle più piccole.

ひ ひ **hi**

PARLA — Pronunciato come il 'he' in He o She.

IMPARA — Questo kana viene disegnato con un tratto: un sweeping stop.

Inizia creando una breve linea leggermente angolata prima di tornare un po' a sinistra. Tieni la penna sulla pagina mentre crei un'ampia curva a forma di "U" attorno alla metà inferiore della cella. Una volta tornato vicino alla parte superiore e senza sollevare la penna, traccia un po 'indietro e poi via verso destra con una linea curva fino a fermarsi. Non sfogliare la penna dal foglio.

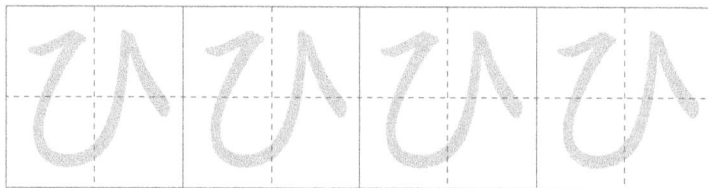

SCRIVI — Prima di tutto, traccia le forme nelle celle sottostanti.

PRATICA Ora esercitati a disegnare questo carattere nelle celle più piccole.

PARLA   Pronunciato come il 'fu' in fuga.

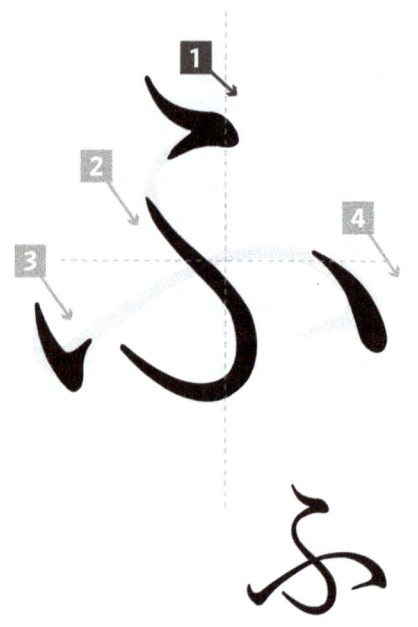

IMPARA   Disegnato con quattro tratti; jump fade, jump, stop, e stop.

Inizia con un breve tratto obliquo che termina con una hane in alto al centro. Il tuo secondo tratto è quindi una sorta di forma del naso che dovrebbe essere terminato con un tratto verso l'inizio del terzo tratto. Questa è un'altra breve linea inclinata che termina con una hane, in alto a destra. Per il quarto, solleva la penna sul lato destro dove fai una linea finale, corta e curva.

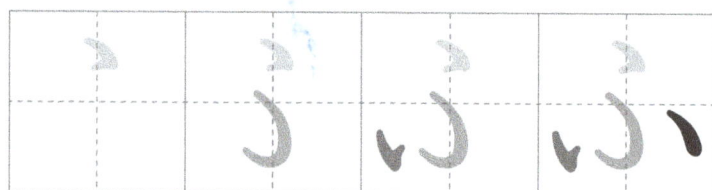

SCRIVI   Prima di tutto, traccia le forme nelle celle sottostanti.

PRATICA Ora esercitati a disegnare questo carattere nelle celle più piccole.

 **he**

PARLA   Pronunciato come il 'he' in Helsinki, con aspirazione.

IMPARA   Questo kana si crea con un tratto: un stop.

Inizia al centro a sinistra della cella e muovi la penna in diagonale verso l'alto e verso destra per un breve tratto, ma non passare attraverso la linea guida centrale. Senza sollevare la penna, continua a disegnare la linea diagonale più lunga verso il basso e verso destra. La "parte superiore" di questa forma a "V" invertita non dovrebbe essere al centro.

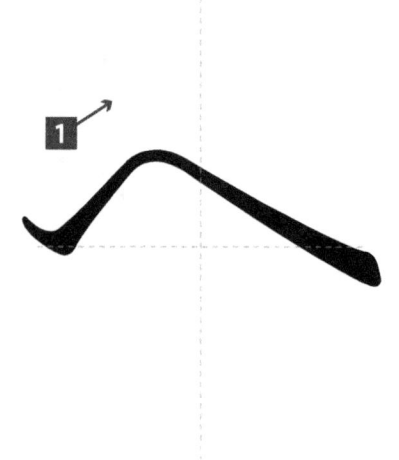

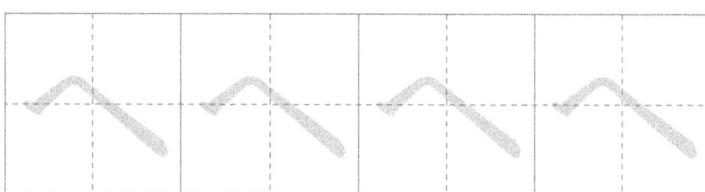

SCRIVI   Prima di tutto, traccia le forme nelle celle sottostanti.

PRATICA   Ora esercitati a disegnare questo carattere nelle celle più piccole.

ほ ほ **ho**

PARLA — Pronunciato come il 'or' in ora, con un suono 'h' aspirato.

IMPARA — Questo ha quattro tratti; jump fade, stop, stop, loop stop.

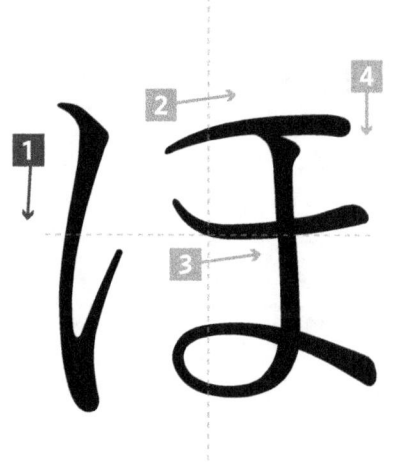

Proprio come con i primi tratti di は, に e け, inizia con una linea verticale curva che termina con una hane. Sia il secondo che il terzo tratto sono brevi linee parallele in alto a destra. Il tuo voto finale dovrebbe iniziare sulla seconda riga: fai attenzione a non iniziare sopra di essa. Sposta la penna verso il basso, attraverso il terzo tratto, e termina con un anello indietro sulla linea a destra.

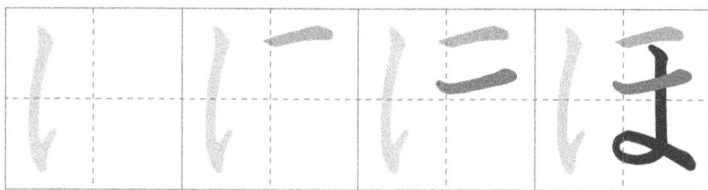

SCRIVI — Prima di tutto, traccia le forme nelle celle sottostanti.

PRATICA Ora esercitati a disegnare questo carattere nelle celle più piccole.

ま ま **ma**

PARLA — Pronunciato come il 'ma' in macchina.

IMPARA — Disegnato con tre tratti; stop, stop, looping stop.

Inizia a disegnare questo kana con linee orizzontali parallele, entrambe disegnate da sinistra a destra. Il primo dovrebbe essere un po' più lungo del secondo. Il terzo segno inizia dall'alto, taglia i primi due tratti e termina con un anello in basso. La chiave per disegnare con precisione questo kana sta nel non fare i primi tratti troppo lunghi, ma comunque un po' più larghi del ciclo alla fine.

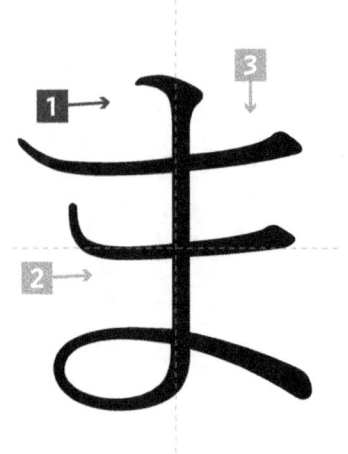

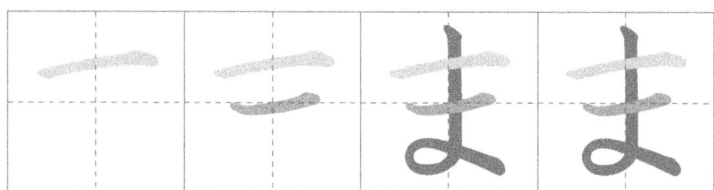

SCRIVI — Prima di tutto, traccia le forme nelle celle sottostanti.

PRATICA Ora esercitati a disegnare questo carattere nelle celle più piccole.

み み mi

PARLA Pronunciato come il 'mi' in minuto.

IMPARA Disegnato con due tratti; long looping stop, e un fade.

Inizia il tuo primo tratto con una breve linea orizzontale, quindi sposta la penna verso il basso e verso sinistra. Senza rimuovere la penna dalla pagina, fai un cappio in basso e termina il tratto con un arco a destra. Il tuo secondo tratto è una curva, che si sposta verso il basso e verso sinistra e taglia l'arco dal primo tratto. Scorri la penna dalla pagina per sfumare questo tratto verso la fine.

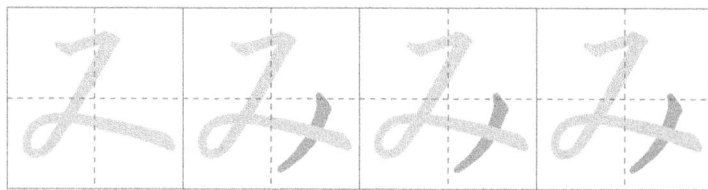

SCRIVI Prima di tutto, traccia le forme nelle celle sottostanti.

PRATICA   Ora esercitati a disegnare questo carattere nelle celle più piccole.

む　む　mu

PARLA — Pronunciato come il 'mu' in musica.

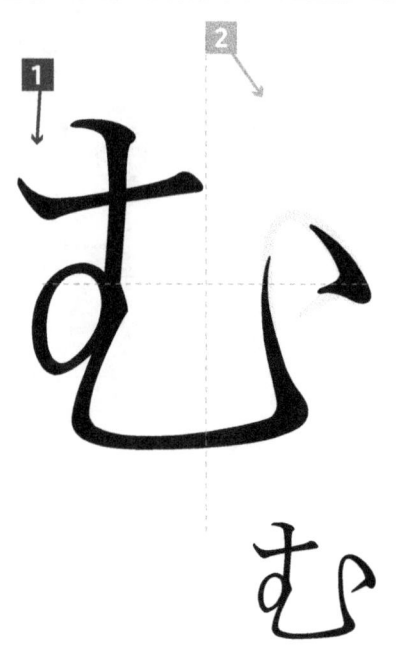

IMPARA — Disegna questo kana con tre tratti; stop, looping fade, stop.

Iniziamo a disegnare questo kana in modo simile a す, con una linea orizzontale sul lato sinistro della cella. Il secondo segno inizia in alto e viene disegnato verso il basso, attraverso il primo tratto, quindi forma un anello sotto il centro. Tenendo la penna sulla carta dopo il ciclo, disegna verso il basso, verso destra e poi verso l'alto. Fermati prima di andare in alto come il primo tratto. Termina con una linea corta e obliqua.

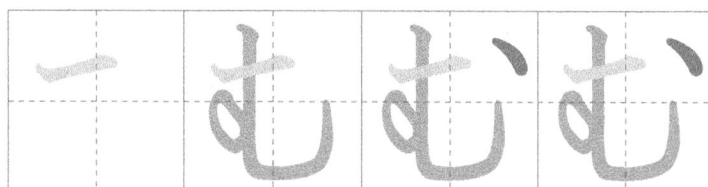

SCRIVI — Prima di tutto, traccia le forme nelle celle sottostanti.

PRATICA   Ora esercitati a disegnare questo carattere nelle celle più piccole.

め め me

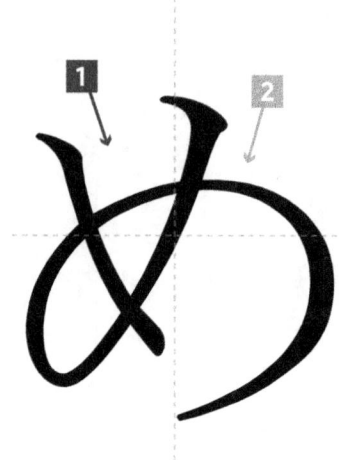

PARLA Pronunciato come 'meh' simile al 'me' in mentre.

IMPARA Questo kana viene disegnato con due tratti; stop, long fade.

Lo scriviamo in modo simile a ぬ, tranne che senza un ciclo alla fine. Per prima cosa, disegna la linea diagonale curva verso il basso e verso destra. Il secondo tratto inizia ad un'altezza simile al primo, ma curvo in modo opposto. Continua questo tratto con un ampio movimento circolare, ma alla fine fai scorrere la penna dalla carta. Cerca di abbinare gli spazi tra le righe per creare un carattere accurato.

SCRIVI Prima di tutto, traccia le forme nelle celle sottostanti.

PRATICA　　　　　　　　　　Ora esercitati a disegnare questo carattere nelle celle più piccole.

81

も も **mo**

PARLA Pronunciato come il 'mo' in profumo.

IMPARA Questo kana ha tre tratti; long fade, stop, stop.

Come con l'hiragana し, iniziamo disegnando la forma di un amo da pesca e finiamo con un movimento della penna mentre si curva. Il secondo e il terzo tratto sono due linee orizzontali parallele che tagliano il primo tratto. Questo personaggio può anche essere visto con il secondo e il terzo tratto collegati in alcuni caratteri, mostrati nell'immagine più piccola a sinistra.

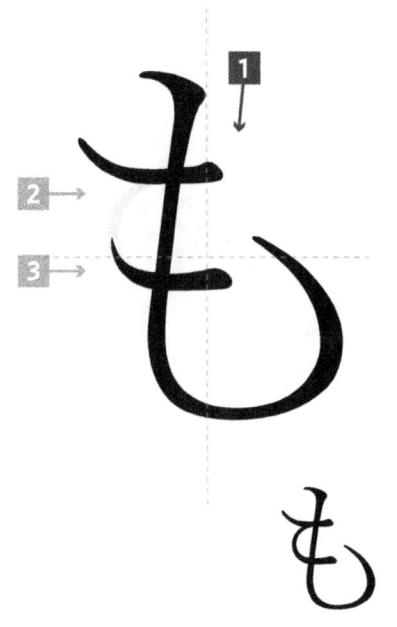

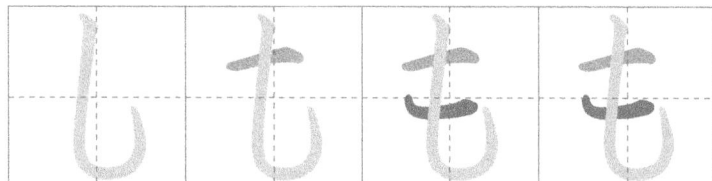

SCRIVI Prima di tutto, traccia le forme nelle celle sottostanti.

PRATICA   Ora esercitati a disegnare questo carattere nelle celle più piccole.

 **ya**

PARLA · Pronunciato come il 'ya' in yahoo.

IMPARA · Disegna questo kana con tre tratti; fade, jump, stop.

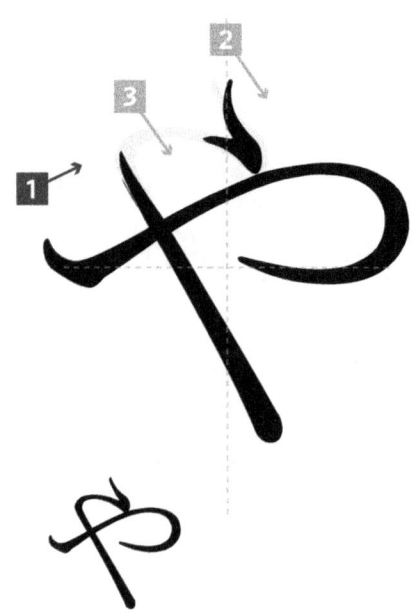

Il tuo primo tratto inizia come una linea diagonale poco profonda verso l'alto e verso destra, prima di curvare indietro. Il secondo tratto è una breve linea in alto vicino al centro. Il terzo e ultimo segno è una linea diagonale più lunga da in alto a sinistra a in basso a destra - dovrebbe intersecarsi con il primo tratto a circa un terzo del percorso da sinistra. Visto anche con i tratti 2 e 3 collegati, mostrato nell'immagine più piccola a sinistra.

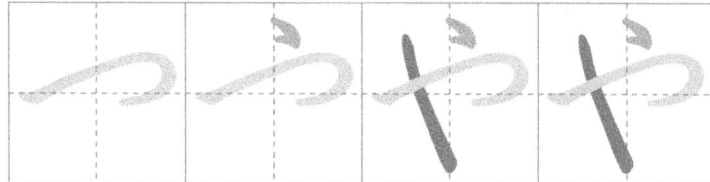

SCRIVI · Prima di tutto, traccia le forme nelle celle sottostanti.

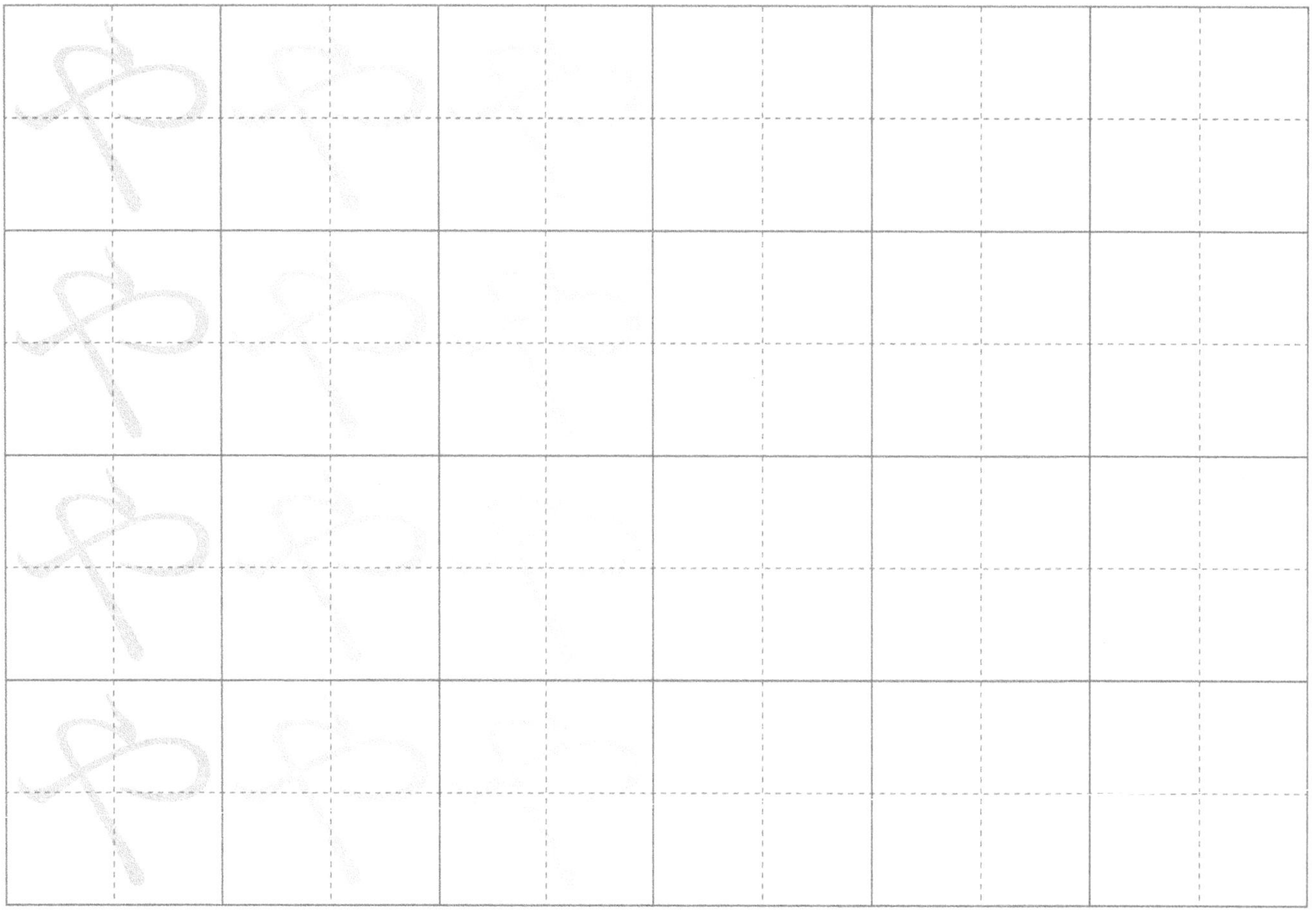

PRATICA   Ora esercitati a disegnare questo carattere nelle celle più piccole.

PARLA — Pronunciato come la 'iu' in fiume.

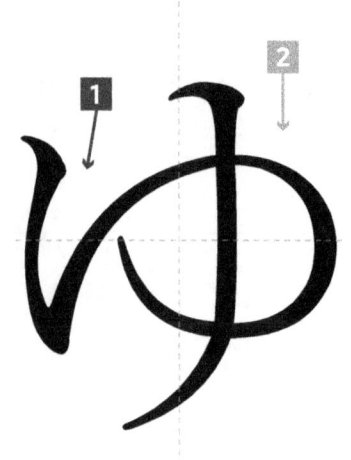

IMPARA — Questo kana viene disegnato con due tratti: fade, fade.

Inizia con una linea leggermente curva verso il basso prima di risalire leggermente. Senza togliere la penna dalla pagina, prosegui disegnando una grande curva che quasi si chiude a cerchio su se stessa. Il tuo secondo tratto è una linea verticale che curva in basso a sinistra, tagliando la grande curva del primo. Termina il tratto facendo scorrere la penna dal foglio per sfumarlo.

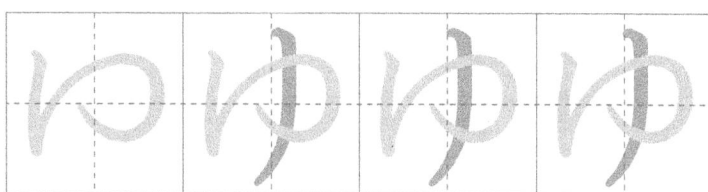

SCRIVI — Prima di tutto, traccia le forme nelle celle sottostanti.

PRATICA   Ora esercitati a disegnare questo carattere nelle celle più piccole.

PARLA	Pronunciato come il 'yo' in yo-yo.

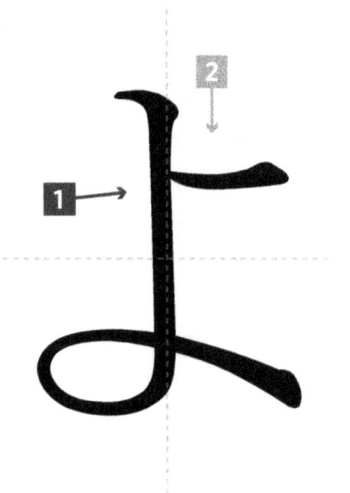

IMPARA	Questo kana viene disegnato con due tratti; jump fade, stop.

Il primo segno è una breve linea orizzontale, che parte dal centro e si sposta verso destra. Il tuo secondo tratto inizia come una linea verticale dal centro superiore della cella e viene disegnato verso il basso prima di terminare con un piccolo anello su sé stesso e fermarsi in basso a destra. Non muovere la penna qui, poiché questo è un segno di stop.

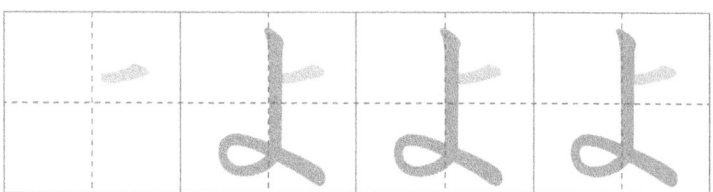

SCRIVI   Prima di tutto, traccia le forme nelle celle sottostanti.

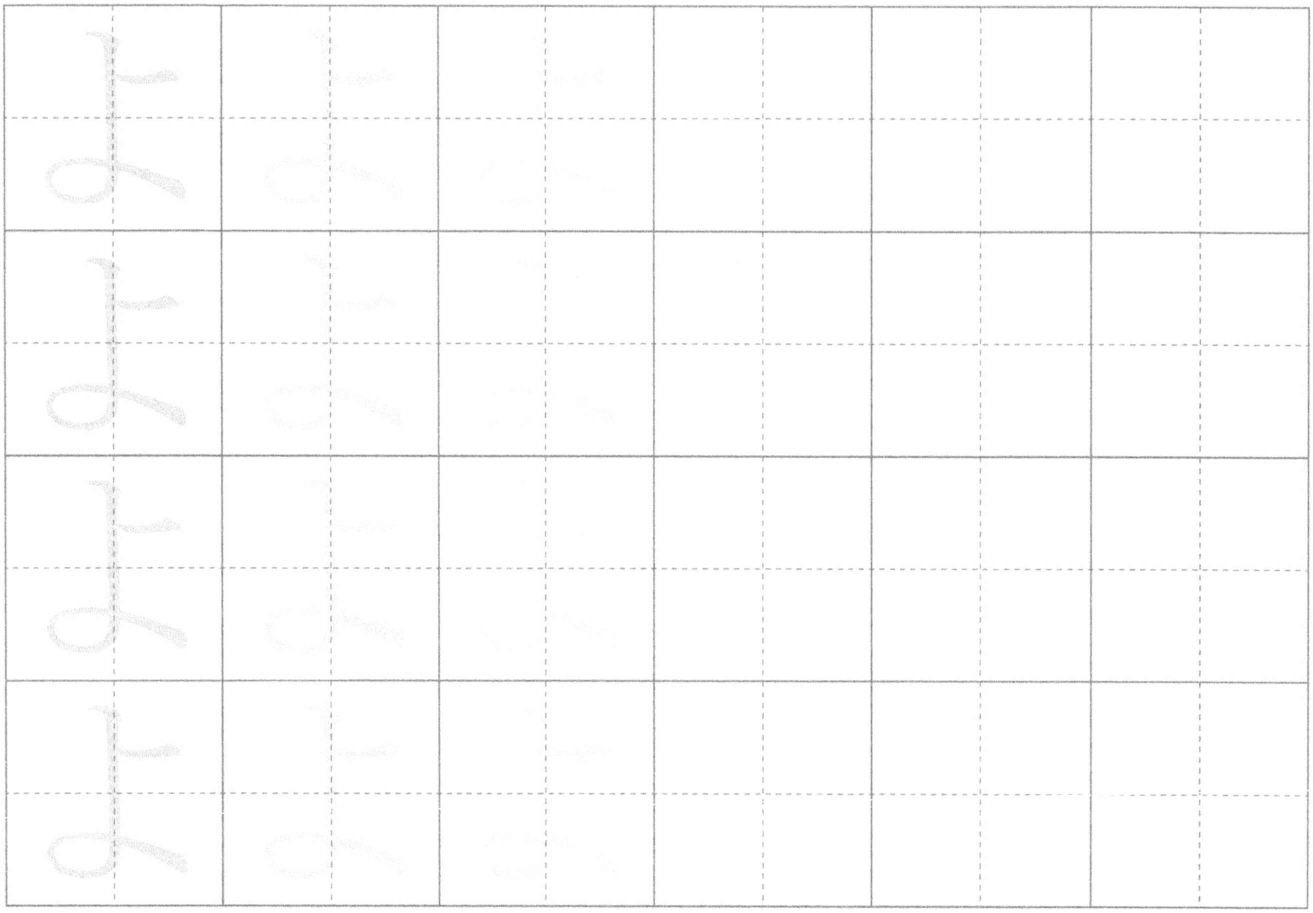

PRATICA Ora esercitati a disegnare questo carattere nelle celle più piccole.

ら ら **ra**

PARLA — Pronunciato come il 'ra' in lettura.

IMPARA — Questo kana viene disegnato con due tratti: jump, fade.

Il primo tratto è una linea relativamente corta, realizzata con un angolo vicino alla parte superiore della cella. Quindi, in modo simile al disegno del numero 5, il segno successivo si sposta verticalmente verso il basso e poi verso destra in una grande curva. La curva dovrebbe spostarsi leggermente verso l'alto, prima di girarsi per tornare indietro e verso il basso. Termina con un gesto della penna. Questo carattere può anche essere visto come un'unica forma unita.

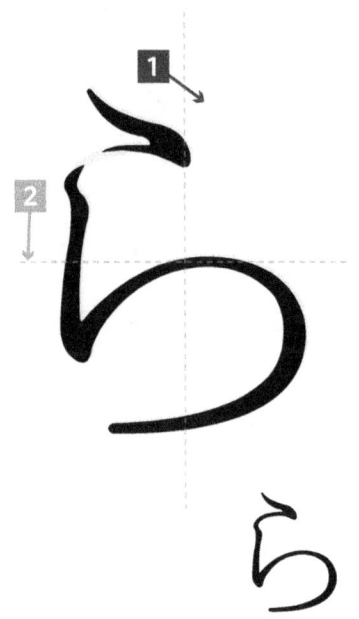

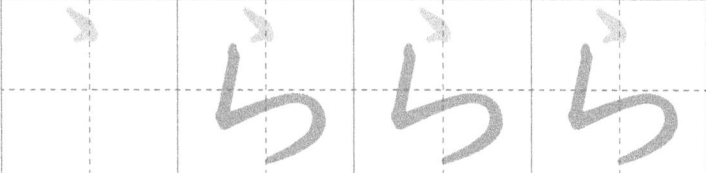

SCRIVI — Prima di tutto, traccia le forme nelle celle sottostanti.

PRATICA   Ora esercitati a disegnare questo carattere nelle celle più piccole.

り り ri

PARLA　Pronunciato come il 'ri' in righe.

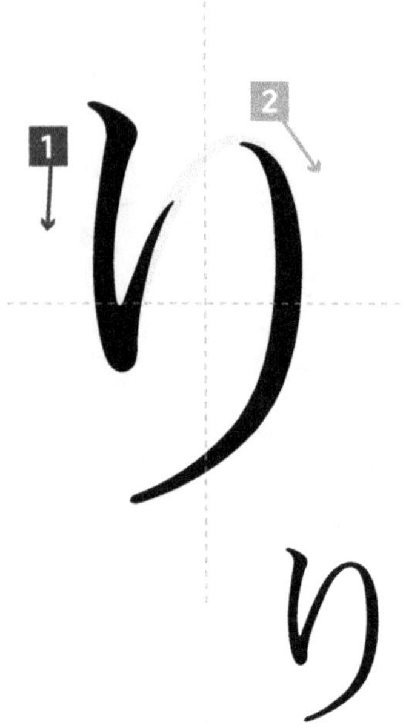

IMPARA　Questo kana viene disegnato con due tratti: jump, fade.

Comunemente mostrato come un segno singolo, il modo corretto di scrivere questo carattere è con due tratti. La prima è una linea che scende e finisce con una hane verso l'alto e verso destra. Quando la tua hane finisce, rimetti la penna sulla carta per creare il secondo tratto. Disegna una lunga linea curva verso il basso e verso sinistra, facendo scorrere la penna dalla pagina alla fine per sfumarla.

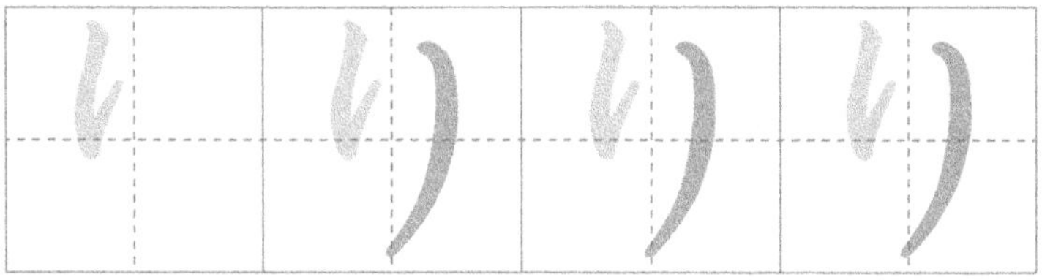

SCRIVI　　　　　　　　　　Prima di tutto, traccia le forme nelle celle sottostanti.

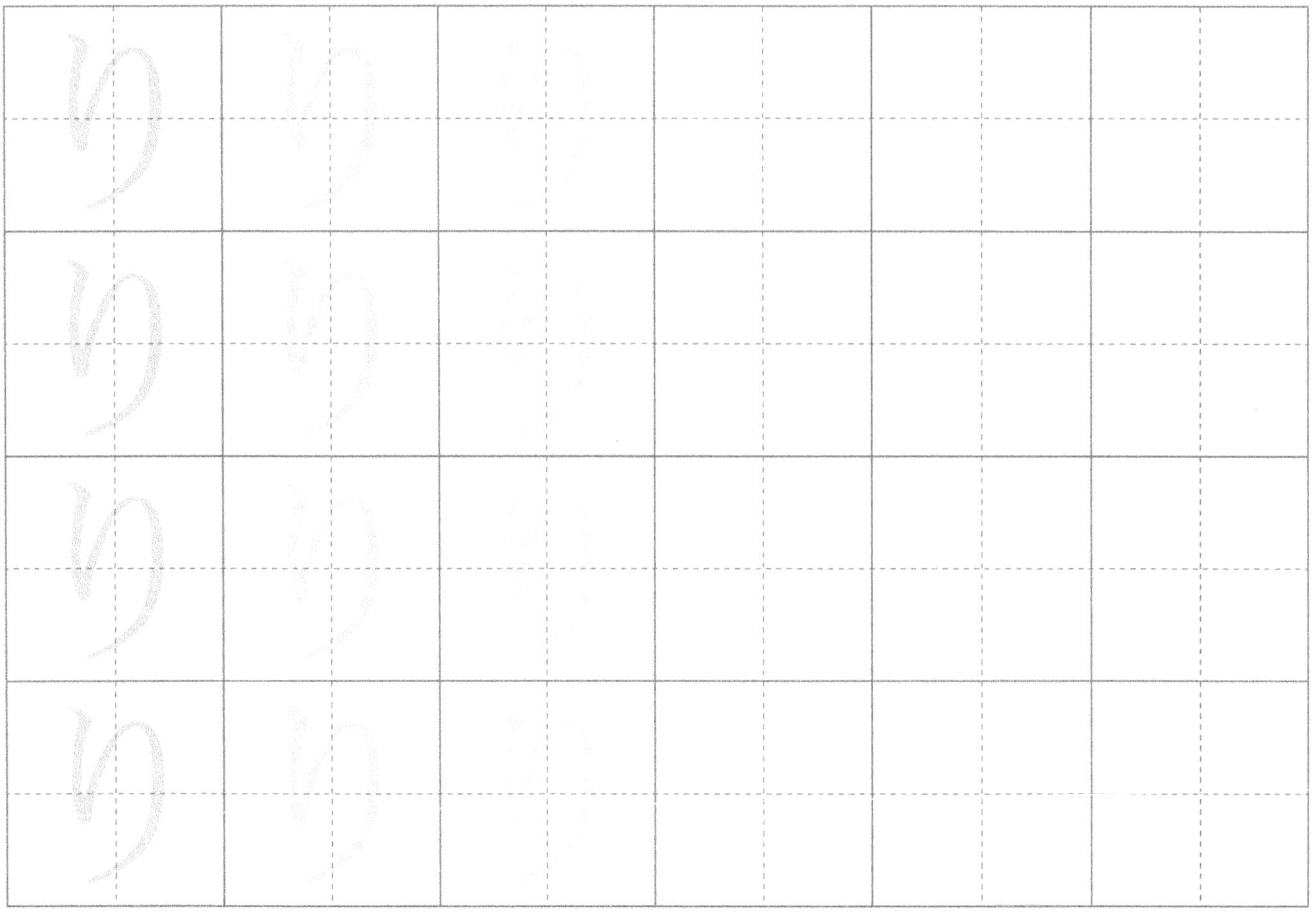

PRATICA   Ora esercitati a disegnare questo carattere nelle celle più piccole.

る　る　ru

PARLA — Pronunciato come il 'ru' in ruggito.

IMPARA — Questo viene disegnato con un solo tratto; un stop lungo curvato a zigzag.

Questo carattere a tratto singolo inizia con una piccola linea orizzontale da sinistra a destra, prima di girare e spostarsi verso il basso a sinistra con un segno più lungo. Senza sollevare la penna, torna indietro un po'e quindi crea un grande anello circolare, con un altro anello molto più piccolo all'estremità. Il loop più piccolo non dovrebbe passare sopra o oltre la tua linea, ma invece finire sopra di essa.

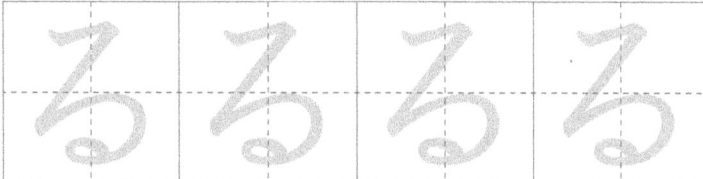

SCRIVI — Prima di tutto, traccia le forme nelle celle sottostanti.

PRATICA   Ora esercitati a disegnare questo carattere nelle celle più piccole.

れ れ **re**

PARLA — Pronunciato come 're' in rete.

IMPARA — Disegnato con due tratti; un stop, poi un fade a zig-zag.

Iniziando con una linea verticale dall'alto verso il basso, questo kana è realizzato con solo due tratti. Il secondo inizia con una linea orizzontale abbastanza corta che attraversa la prima, prima di andare in diagonale verso il basso e a sinistra, attraversando ancora una volta la linea verticale. Senza sollevare la penna, torna indietro verso l'alto, quindi disegna una forma d'onda alta a destra. In alto, disegnato verso il basso e curva verso l'esterno e verso l'alto a destra, terminando con un tratto.

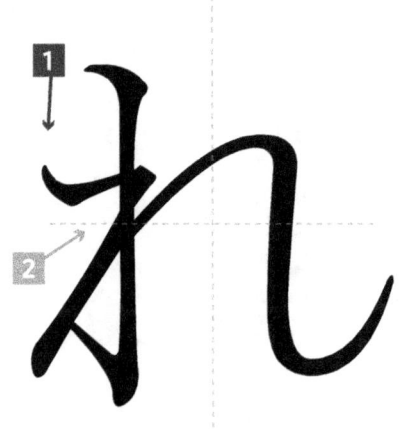

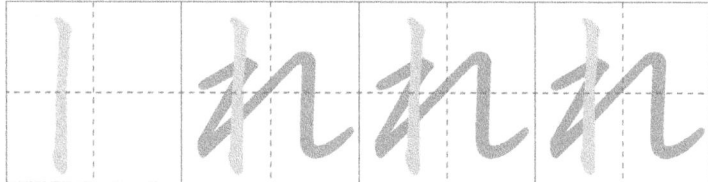

SCRIVI — Prima di tutto, traccia le forme nelle celle sottostanti.

PRATICA   Ora esercitati a disegnare questo carattere nelle celle più piccole.

ろ ろ ro

PARLA — Pronunciato come il 'ro' in lavaro.

IMPARA — Questo kana viene disegnato con un tratto: fade a zig-zag.

Scriviamo ろ più o meno allo stesso modo come scriviamo る, tranne che senza un ciclo alla fine. Inizia con una linea corta orizzontale abbastanza corta da sinistra a destra e prosegui con una linea diagonale in basso e di nuovo a sinistra. Traccia un po' indietro verso l'alto e poi termina il tratto facendo la grande curva verso destra e indietro - tutto in un'unica azione fluida, che termina con un tratto dalla pagina.

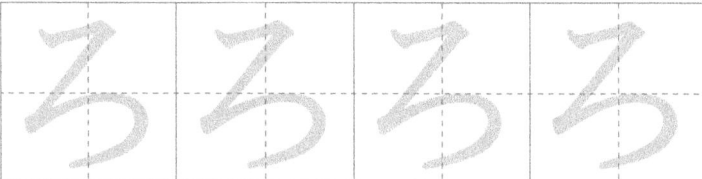

SCRIVI — Prima di tutto, traccia le forme nelle celle sottostanti.

PRATICA Ora esercitati a disegnare questo carattere nelle celle più piccole.

わ わ **wa**

PARLA   Pronunciato come il 'ua' in quaglia.

IMPARA   Questo kana viene disegnato con due tratti; stop, fade a zig-zag.

Inizia con il segno verticale dall'alto verso il basso, a sinistra del centro e termina con una hane in alto e a sinistra. La tua seconda linea attraversa il primo tratto e poi si sposta in diagonale verso il basso a sinistra e taglia di nuovo il primo. Completa questo tratto disegnando la grande curva verso destra e indietro, sfumandola alla fine con un tocco.

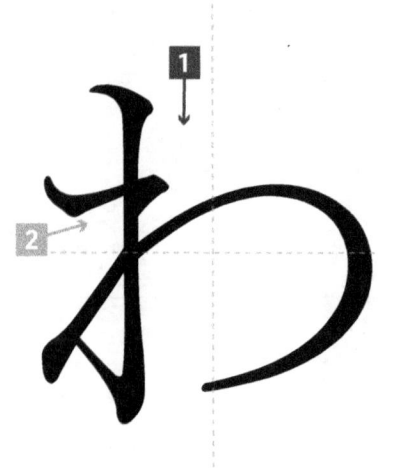

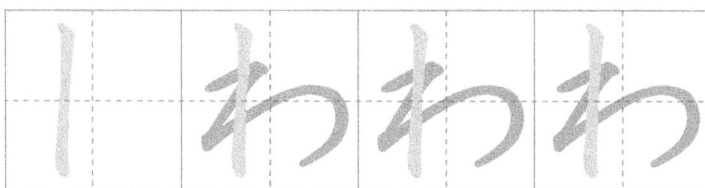

SCRIVI   Prima di tutto, traccia le forme nelle celle sottostanti.

PRATICA Ora esercitati a disegnare questo carattere nelle celle più piccole.

を を wo*

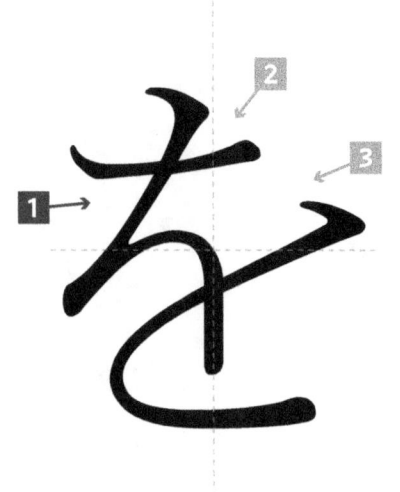

Kana non comune usato come particella.

PARLA — Pronunciato come il 'uo' in duomo.

IMPARA — Disegnato con tre tratti; tutti i tratti sono stop.

Il tuo primo tratto è una linea orizzontale da sinistra a destra. La seconda inizia come una linea diagonale che attraversa il primo tratto, prima di girare su e giù. Dovrebbe terminare in un punto più basso rispetto al punto in cui la penna era girata prima. La terza linea è una curva che inizia dal lato destro, sopra la linea centrale, e taglia fino alla fine del secondo tratto. Ritorna in basso a destra della cella, terminando con uno stop.

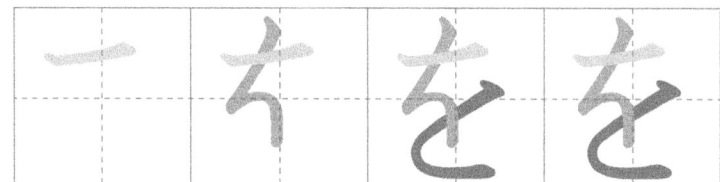

SCRIVI — Prima di tutto, traccia le forme nelle celle sottostanti.

PRATICA   Ora esercitati a disegnare questo carattere nelle celle più piccole.

ん　ん　**n**

PARLA　Pronunciato come il suono della lettera 'n' in nave.

IMPARA　Questo kana viene disegnato con un tratto: long fade.

Questo carattere viene creato con un solo tratto. Inizia con una linea diagonale dall'area centrale in alto, in basso a sinistra. Senza sollevare la penna, torna un po' indietro verso l'alto prima di creare una forma d'onda: termina questo tratto e carattere facendo scorrere la penna dalla pagina per sfumare il tratto intorno all'area della linea centrale.

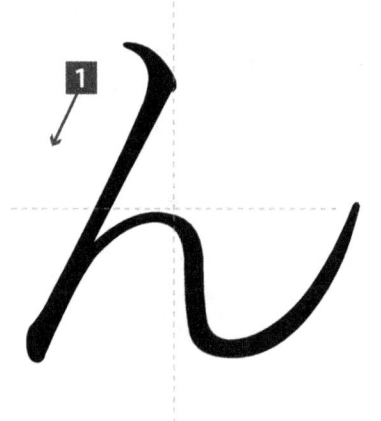

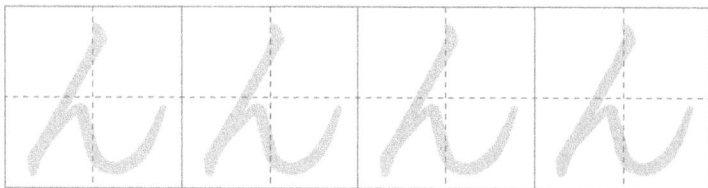

SCRIVI　　　　　　　　　　　Prima di tutto, traccia le forme nelle celle sottostanti.

PRATICA Ora esercitati a disegnare questo carattere nelle celle più piccole.

Parte 3

GENKOUYOUSHI

CARTA ISOMETRICA PER PRATICARSI

Parte 4

FLASH CARDS

DA FOTOCOPIARE OPPURE RITAGLIARE E MANTENERE

あ	や	ち
い	え	り
つ	せ	ゆ
ね	く	し

a
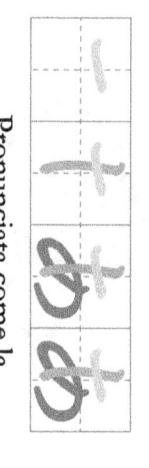
Pronunciata come la 'a' in aprirsi.

o
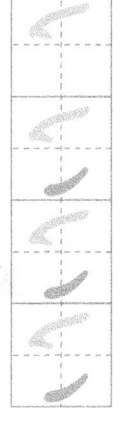
Pronunciato come la 'o' in occhio.

ke
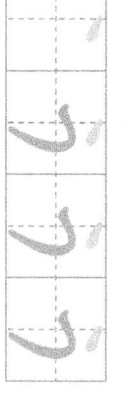
Pronunciato come la 'che' in chela.

i

Pronunciato come la 'i' in piccolo.

ka

Pronunciato come la 'ca' in cantare.

ko
Pronunciato come il 'co' in cometa.

u
Pronunciato come la 'u' in uno.

ki
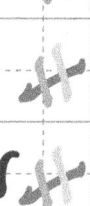
Pronunciato come il 'chi' in chiamare.

sa
Pronunciato come il 'sa' in sardine.

e
Pronunciato come il 'e' in evento.

ku
Pronunciato come il 'cu' in cucina.

shi
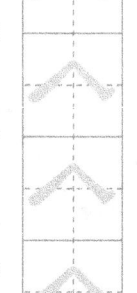
Pronunciato come il 'sci' in sciro.

す	し	さ
せ	つ	に
れ	と	ぬ
た	て	ね

su
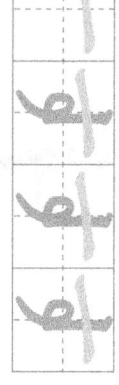
Pronunciato come il 'su' in supermercato.

chi
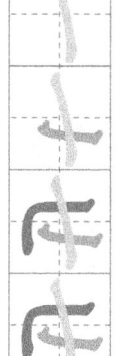
Pronunciato come il 'ci' in vicino.

na
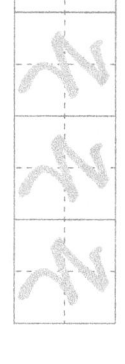
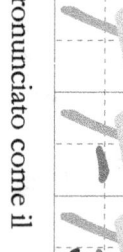
Pronunciato come il 'na' in sonata.

se

Pronunciato come il 'se' in segale.

tsu
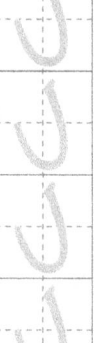
Pronunciato come il 'tsu' in tsunami, con la 't' silenziosa.

ni
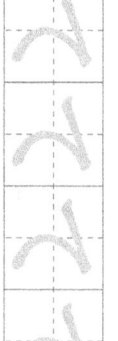
Pronunciato come il 'ni' in nicchia.

so
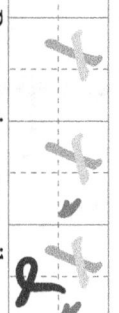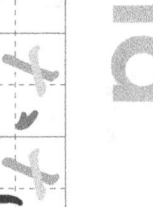
Pronunciato come la 'so' in dorso.

te
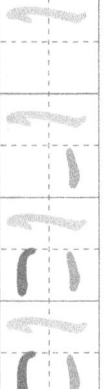
Pronunciato come il 'te' in tempo.

nu
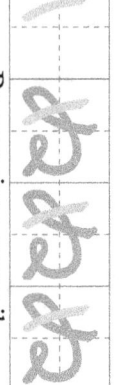
Pronunciato come il 'nu' in nuziale.

ta
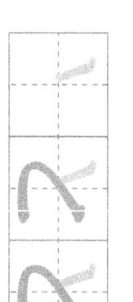
Pronunciato come il 'ta' in tardi.

to
Pronunciato come il 'to' in alto.

ne
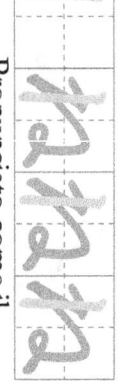
Pronunciato come il 'ne' in nestare.

no
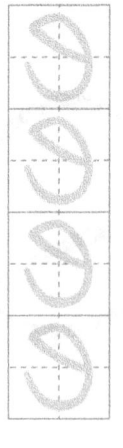
Pronunciato come il 'no' in notare.

ha
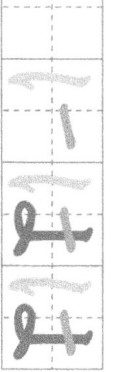
Pronunciato come la 'ha' mentre ridi, come ha-ha.

hi
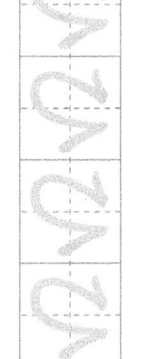
Pronunciato come il 'he' in He o She.

fu
Pronunciato come il 'fu' in fuga.

he
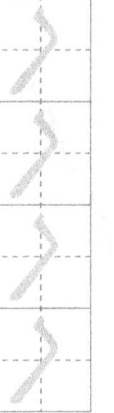
Pronunciato come il 'he' in Helsinki, con aspirazione.

ho
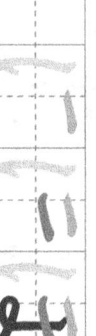
Pronunciato come il 'or' in ora, con un suono-h (aspirato).

ma
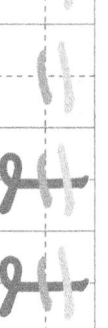
Pronunciato come il 'ma' in macchina.

mi
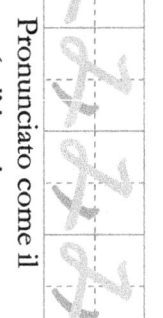
Pronunciato come il 'mi' in minuto.

mu
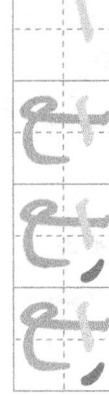
Pronunciato come il 'mu' in musica.

me
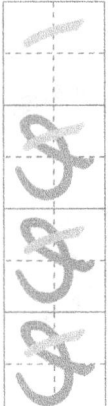
Pronunciato come 'meh' simile al 'me' in mentre.

mo
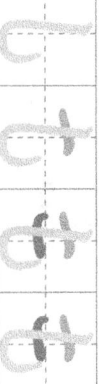
Pronunciato come il 'mo' in profumo.

ya
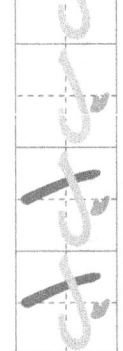
Pronunciato come il 'ya' in yahoo.

め	ぢ	さ
ず	を	ん
ゑ	ち	
ゐ	す	

yu
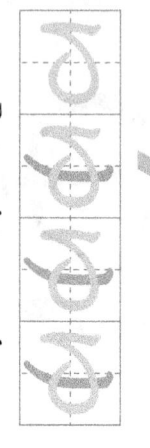
Pronunciato come la 'iu' in fiume.

yo
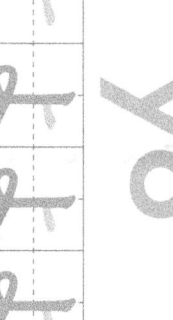
Pronunciato come il 'yo' in yo-yo.

re

Pronunciato come 're' in rete.

ri

Pronunciato come il 'ri' in righe.

ra
 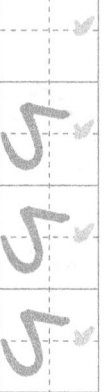
Pronunciato come il 'ra' in lettura.

ru
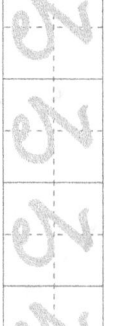
Pronunciato come il 'ru' in ruggito.

ro
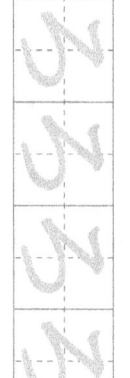
Pronunciato come il 'ro' in lavoro.

wa

Pronunciato come il 'ua' in quaglia.

wo
 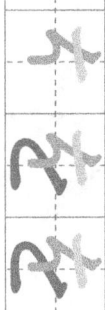
Pronunciato come il 'uo' in duomo.

n*
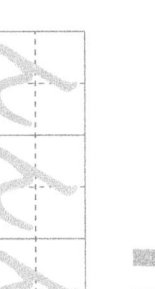
Pronunciato come il suono della lettera 'n' in nave.

ありがとう
arigatou

Grazie!

Grazie per aver scelto il nostro libro!

Ora sei sulla buona strada per imparare a leggere, scrivere e parlare Giapponese e speriamo che ti sia piaciuto il nostro quaderno Hiragana.

Se ti è piaciuto imparare con noi, ci piacerebbe molto conoscere i tuoi progressi lasciandoci una recensione!

Siamo sempre ansiosi di imparare se c'è qualcosa che possiamo fare per rendere i nostri libri migliori per i nostri futuri studenti. Ci impegniamo a rendere disponibili i migliori contenuti per l'apprendimento delle lingue, quindi contattaci via e-mail se hai avuto un problema con uno qualsiasi dei contenuti di questo libro:

hello@polyscholar.comt

© Copyright 2020 George Tanaka
Tutti i Diritti Riservati

POLYSCHOLAR

www.polyscholar.com

Avviso Legale: Questo libro è protetto da copyright. Questo libro è solo per uso personale. Il contenuto di questo libro non può essere riprodotto, duplicato o trasmesso senza il permesso scritto diretto dell'autore o dell'editore. Non è possibile modificare, distribuire, vendere, utilizzare, citare o parafrasare qualsiasi parte del contenuto di questo libro, senza il consenso dell'autore o dell'editore.

www.ingramcontent.com/pod-product-compliance
Lightning Source LLC
Chambersburg PA
CBHW081335080526
44588CB00017B/2634